我浪漫可疯可
雄鸡一声天下白

国队

流年 编著

典藏版

ZB 直笔巨献

直笔体育百科系列

北京时代华文书局

目 录

荣耀时刻

⚽ 1998年国际足联世界杯（简称"世界杯"）决赛，东道主法国队3：0战胜巴西队登顶世界之巅，齐内丁·齐达内梅开二度。这是法国队第一次获得世界杯冠军。

法国队决赛出场阵容（"4321"阵形）：

门将：16-法比安·巴特斯

后卫：3-比森特·利扎拉祖、8-马塞尔·德塞利、18-弗兰克·勒伯夫、15-利利安·图拉姆

防守型中场：17-埃马纽埃尔·佩蒂特、7-迪迪埃·德尚、19-克里斯蒂安·卡伦布（14-阿兰·博格西安，57'）

攻击型前场：6-尤里·德约卡夫（4-帕特里克·维埃拉，75'）、10-齐内丁·齐达内

中锋：9-斯蒂凡·吉瓦什（21-克里斯托弗·杜加里，66'）

1

⚽ 2018年世界杯决赛，法国队以4∶2战胜克罗地亚队，安托万·格列兹曼以及基利安·姆巴佩均取得进球，这是法国队第二次捧起世界杯冠军奖杯。

法国队决赛出场阵容（"4231"阵形）：

门将：1-雨果·洛里斯

后卫：21-卢卡斯·埃尔南德斯、5-萨米埃尔·乌姆蒂蒂、4-拉斐尔·瓦拉内、2-邦雅曼·帕瓦尔

防守型中场：13-恩戈洛·坎特（15-史蒂芬·恩佐济，55′）、6-保罗·博格巴

攻击型前场：14-布莱兹·马图伊迪（12-科朗坦·托利索，73′）、7-安托万·格列兹曼、10-基利安·姆巴佩

中锋：9-奥利维耶·吉鲁（18-纳比尔·费基尔，81′）

4

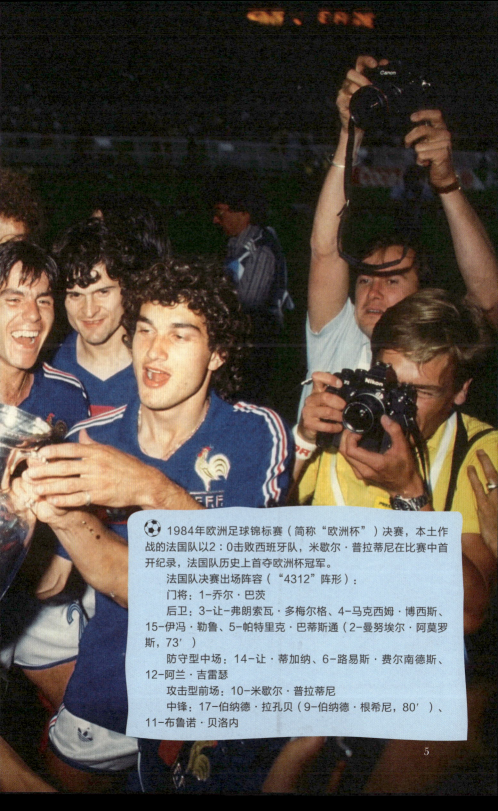

⚽ 1984年欧洲足球锦标赛（简称"欧洲杯"）决赛，本土作战的法国队以2：0击败西班牙队，米歇尔·普拉蒂尼在比赛中首开纪录，法国队历史上首夺欧洲杯冠军。

法国队决赛出场阵容（"4312"阵形）：

门将：1-乔尔·巴茨

后卫：3-让-弗朗索瓦·多梅尔格、4-马克西姆·博西斯、15-伊冯·勒鲁、5-帕特里克·巴蒂斯通（2-曼努埃尔·阿莫罗斯，73'）

防守型中场：14-让·蒂加纳、6-路易斯·费尔南德斯、12-阿兰·吉雷瑟

攻击型前场：10-米歇尔·普拉蒂尼

中锋：17-伯纳德·拉孔贝（9-伯纳德·根希尼，80'）、11-布鲁诺·贝洛内

⚽ 2000年欧洲杯决赛，法国队2：1击败意大利队。西尔万·维尔托德在伤停补时阶段打入绝平球，达维德·特雷泽盖在加时赛送上"金球"绝杀。

法国队决赛出场阵容（"4231"阵形）：

门将：16-法比安·巴特斯

后卫：3-比森特·利扎拉祖（11-罗贝尔·皮雷斯，86'）、5-劳伦特·布兰科、8-马塞尔·德塞利、15-利利安·图拉姆

防守型前场：4-帕特里克·维埃拉、7-迪迪埃·德尚

攻击型前场：21-克里斯托弗·杜加里（13-西尔万·维尔托德，58'）、10-齐内丁·齐达内、6-尤里·德约卡夫（20-达维德·特雷泽盖，76'）

中锋：12-蒂埃里·亨利

7

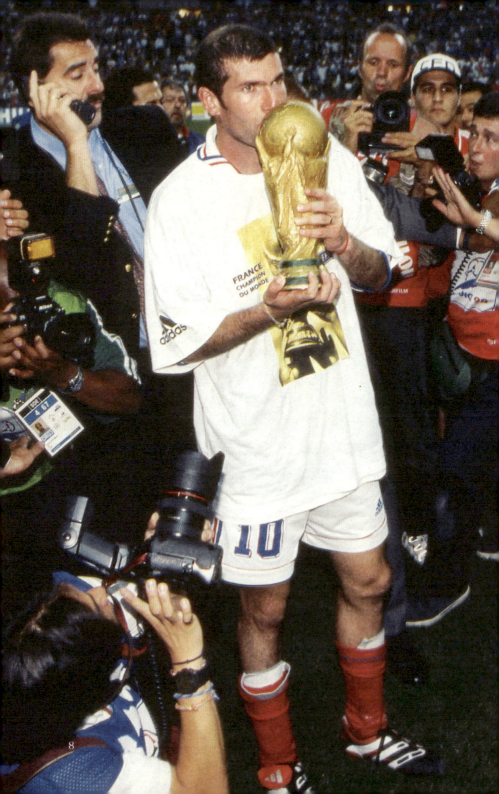

巨星榜

姓名：齐内丁·齐达内

出生日期：1972年6月23日

主要球衣号码：10号

国家队数据：108场31球

个人荣誉：3次世界足球先生、1次金球奖

艺术大师

　　他是绿茵场上的大师，以超凡的技术、出色的视野和独特的领袖风格，缔造了辉煌的职业生涯；他是足球领域的传奇，"球王"级别的球员，荣誉、冠军无数；他是无数球迷心中的偶像，他就是齐内丁·齐达内，球迷亲切地称呼他为"齐祖"。

　　齐达内的球员时代，是辉煌无比、难以复制的，3次世界足球先生和1次金球奖的荣耀，不足以呈现齐达内的传奇色彩。出色的控球能力和传球技巧，让他总能在比赛中创造出令人惊叹的进攻机会，从而将比赛的走势掌握在自己的脚下。他的盘带技巧和突破能力同样出色，能够轻松地撕破对手的防线，为球队取得进球。

　　对于法国队，每一个喜欢齐达内的球迷都不会忘记，1998年世界杯，是他在决赛中头球梅开二度，让法国队第一次站上世界之巅。每

一个喜欢齐达内的球迷都会发出这样的感叹：2006年世界杯决赛，如果他能够冷静地面对马尔科·马特拉齐的挑衅，或许他的谢幕演出会更加完美。每一个了解齐达内的法国队球迷都知道，他在每一场比赛中，总能游刃有余，他所创造的那些经典画面，历历在目，数不胜数。

对于俱乐部，齐达内所到之处，几乎都取得了辉煌的成绩。在波尔多队，他开始崭露头角，成为球星，并且获得法国足球甲级联赛最佳球员的称号；在尤文图斯队，他取得个人荣誉的巅峰，不断地帮助球队获得冠军荣耀；在皇家马德里队（简称"皇马队"），他将大师风范展现得淋漓尽致，欧洲冠军联赛（简称"欧冠"）决赛的"天外飞仙"进球就是他最好的证明。

齐达内的教练时代，也是从一开始就迎来巅峰。他以菜鸟教练的身份执教皇马队不到三个赛季，便率领球队实现了欧冠三连冠的壮举。这一载入世界足坛史册的成绩，恐怕难以被复制。

从球员到教练，齐达内都证明了自己的伟大。如今的世界足坛，很难再出现齐达内这样的大师球员，球迷怀念属于他的艺术足球，怀念那些与齐达内相关的足球岁月。

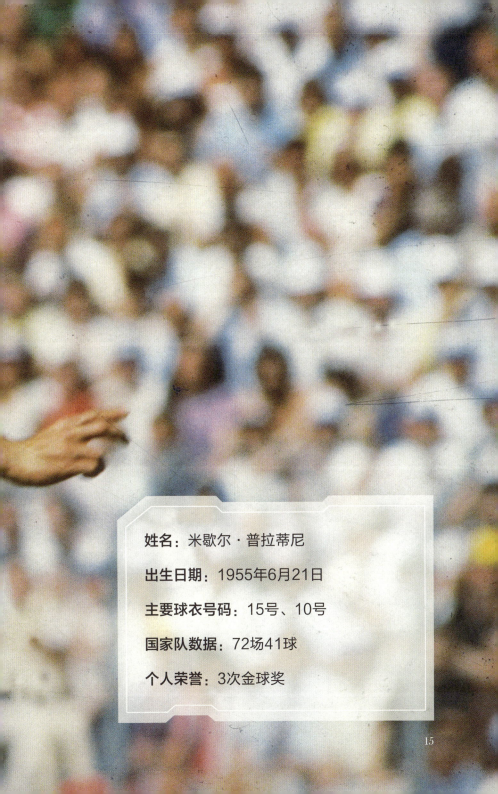

姓名：米歇尔·普拉蒂尼

出生日期：1955年6月21日

主要球衣号码：15号、10号

国家队数据：72场41球

个人荣誉：3次金球奖

传奇巨匠

对于法国足球而言，在齐达内出现之前，其就曾经拥有过自己的天之骄子，而这个球员便是米歇尔·普拉蒂尼。普拉蒂尼以超凡的技术、独到的战术意识和令人叹为观止的任意球绝技，征服了万千球迷的心，他被誉为"20世纪的足球传奇巨匠"。

普拉蒂尼的足球生涯，始于法国的南锡队，随后，他转投圣艾蒂安队。普拉蒂尼犹如一颗璀璨的明珠，在这片足球天地里绽放出耀眼的光芒。身为中场核心，他分别为这两支球队打入110球和83球，其出众的能力可见一斑。

普拉蒂尼凭借着自己出色的表现，早早便披上了法国队的战袍。在1982年世界杯的赛场上，他率领法国队闯入四强，展现了其领袖气质。自此，普拉蒂尼便成为法国足球的旗帜和骄傲。

1982年世界杯结束之后，普拉蒂尼踏上了远赴意大利赛场的征程，加盟了尤文图斯队。在这里，他的足球才华得到了充分的释放和展现。尤文图斯队也因他的加盟而焕发出新的生机与活力，接连斩获联赛冠军、欧洲冠军俱乐部杯（欧冠前身）冠军。

1984年欧洲杯，普拉蒂尼带领法国队勇夺冠军，自己更是以9球荣膺赛事最佳射手。普拉蒂尼的每一球都至关重要，为法国队的夺冠立下了赫赫战功。凭借着连续数年的卓越表现，普拉蒂尼从1983年起，连续3年荣膺金球奖的殊荣。

退役后，普拉蒂尼并未离开他深爱的足球世界，而是转型为一名足球管理者。他担任了欧洲足球协会联盟（简称"欧足联"）主席等重要职务，致力于推动足球的发展。虽然普拉蒂尼在这期间也引发了一些争议，但他的贡献和影响力仍不容被忽视。

普拉蒂尼在球场上的辉煌成就，将永远被铭刻在足球史册上。他是法国足球历史上最伟大的球员之一，他的名字将永远闪耀在足球的星空之中。

姓名：基利安·姆巴佩

出生日期：1998年12月20日

主要球衣号码：12号、10号

国家队数据：77场46球

天之骄子

他的速度，如风一般，被称为"骑着摩托车踢球的男人"；他的脚下技术，堪称精湛，只要给他足够的空间，他就能迅速超越防守球员，留下一个难以企及的背影；他年纪轻轻，所获荣誉便已经无数，未来的时代，他会更加震惊世界。他就是世界足坛的天之骄子——基利安·姆巴佩。

在利昂内尔·梅西与克里斯蒂亚诺·罗纳尔多统治世界足坛的年代，我们习惯了"绝代双骄"的绿茵盛世。而当他们二人退出主流足坛之后，谁是镁光灯的焦点？答案就是姆巴佩，法国队新一代的核心与领袖。

姆巴佩年少成名，出道即巅峰。2018年世界杯，不到20岁的姆巴佩就已经让全世界见证了他的威力。那一次次犀利的突破，让对手心生畏惧。还记得对阵阿根廷队时，他那精彩的长途奔袭破门吗？

年轻的姆巴佩在2018年世界杯打入4球，帮助法国队第二次夺得世界杯冠军，而他个人也获得当届世界杯的最佳新秀奖。也就是从这一届世界杯开始，姆巴佩真正成为世界足坛的天之骄子。

2022年世界杯，姆巴佩一度接近封神。他率领法国队杀入最终的决赛，并且与梅西率领的阿根廷队大战120分钟，双方杀得

DEN BOOT AWA

难解难分，可惜法国队在最终点球大战中不敌对手。但是姆巴佩用决赛上演帽子戏法的精彩表演、用整届赛事打入8球的数据，向世界宣告，世界足坛已经进入他的时代。没有成功卫冕世界杯又如何，留给姆巴佩的世界杯故事其实才刚刚开始。你知道吗？当2026年世界杯来临时，姆巴佩还不到28岁！

　　姆巴佩已经在法甲足球甲级联赛证明了自己，但是显然他的未来并不在这里，而是在更高的舞台。当姆巴佩迎来新的俱乐部之时，迎接他的将是更为璀璨的征程。

姓名：蒂埃里·亨利

出生日期：1977年8月17日

主要球衣号码：12号

国家队数据：123场51球

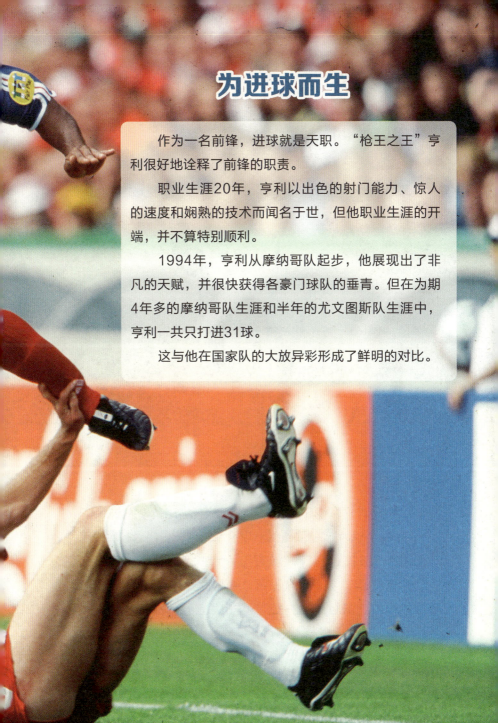

为进球而生

作为一名前锋，进球就是天职。"枪王之王"亨利很好地诠释了前锋的职责。

职业生涯20年，亨利以出色的射门能力、惊人的速度和娴熟的技术而闻名于世，但他职业生涯的开端，并不算特别顺利。

1994年，亨利从摩纳哥队起步，他展现出了非凡的天赋，并很快获得各豪门球队的垂青。但在为期4年多的摩纳哥队生涯和半年的尤文图斯队生涯中，亨利一共只打进31球。

这与他在国家队的大放异彩形成了鲜明的对比。

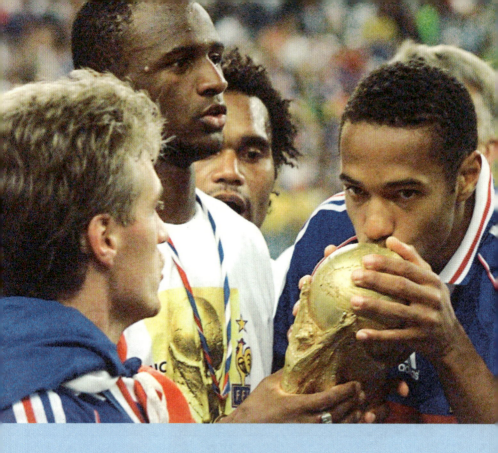

　　在阿森纳队的8年里，亨利在377场比赛中打进了惊人的228球，帮助阿森纳队赢得多项冠军之余，自己也多次荣膺英格兰足球超级联赛（简称"英超"）金靴奖和欧洲金靴奖。

　　1998年，亨利跟随法国队夺得世界杯冠军，他打入3球。2000年欧洲杯，亨利的表现同样出色，打入3球的他成为帮助法国队夺冠的功臣之一。

　　在转会至阿森纳队之后，亨利一发不可收拾，从此成为球队的关键球员，也成为一代人的偶像。

彼时的亨利，被认为是世界顶级的前锋之一，他的进球效率和球场统治力令人叹为观止。但欧冠冠军却成为亨利苦寻而不得的彼岸，屡败屡战，屡战屡败，这让亨利萌生去意。在2007年，亨利转会至巴塞罗那队（简称"巴萨队"）

　　在巴萨队，亨利得以圆梦，收获欧冠冠军，职业生涯终得圆满。2012年，亨利短暂重返阿森纳队，为球队打入2球。这也让亨利的老球迷感慨不已，就像那句经典的解说词所说："枪迷（阿森纳队的球迷）怎能不泪流满面呢？"

　　无论在国家队还是俱乐部，亨利都留下了让后人铭记的璀璨生涯。这位传奇前锋，定格了无数属于他的经典画面。从最初躲在特雷泽盖身后不敢看点球的稚嫩小子，到闪耀英伦的"海布里之王"，他走出了一条传奇之路。

姓名：卡里姆·本泽马

出生日期：1987年12月19日

主要球衣号码：9号、10号、19号

国家队数据：97场37球

个人荣誉：1次金球奖

命途坎坷的天才

　　1987年是一个法国足球人才井喷的特殊年份，出生于这一年的法国年轻球员在2004年的欧洲U17足球锦标赛上，帮助法国队赢得了冠军。

　　在这支冠军球队中，便有本泽马。本泽马和萨米尔·纳斯里、杰雷米·梅内、本-阿尔法被球迷称为"四小天鹅"。

　　2005年12月6日，在欧冠里昂队对阵罗森博格队的比赛中，年仅17岁352天的本泽马打入自己在欧冠的处子球，成为在欧冠进球年龄最小的法国人。

　　本泽马不断地用进球为里昂队斩获一座又一座法国足球甲级联赛的冠军奖杯，这也让他吸引了来自全欧洲的豪门球队的注意。

　　2009年，皇马队击败了竞争者，将本泽马收入麾下。

33

加盟皇马队的第一个赛季，本泽马仅打入9球。2010年世界杯，受到法国队的罢赛丑闻和场外事件的影响，本泽马的表现也毫无亮点。

但他顽强地度过了低谷期，2013—2014赛季，本泽马帮助皇马队夺得欧冠冠军。在德尚执教的法国队中，本泽马也成为核心球员之一。

2016年欧洲杯前夕，本泽马因丑闻影响，未能入选法国队大名单，这使得他与德尚之间发生龃龉，长时间被法国队边缘化，也因此错过了2018年世界杯的夺冠时刻。

但在这段时间，本泽马在俱乐部收获颇丰。

从2015—2016赛季开始，本泽马跟随皇马队连续3个赛季获得欧冠冠军，他也在此期间成为在欧冠进球最多的法国球员。

从2018年开始，本泽马逐渐成为皇马队的当家球星，并帮助球队完成新老交替。本泽马在2021—2022赛季大放异彩，他在46场比赛里打进44球，个人第5次夺得欧冠冠军的同时，还以15球获得欧冠金靴奖。凭借这样的表现，本泽马也收获了金球奖这个至高荣誉。

2021年，本泽马重返法国队，随队征战了2020欧洲杯。之后，本泽马在2020—2021赛季的欧洲国家联赛（简称"欧国联"）的淘汰赛阶段连续进球，帮助法国队赢得冠军，这是本泽马随法国队获得的第一座奖杯。

本泽马以他的出色表现和领袖风范，成为法国足球历史上的重要人物之一，他的职业生涯虽挫折不断，却荣誉等身。傲人的天赋加上他对足球永葆初心的热爱，伴随着他走过了一段辉煌的旅程。

姓名：朱斯特·方丹

出生日期：1933年8月18日

主要球衣号码：17号

国家队数据：21场30球

13球传奇

　　朱斯特·方丹，曾在世界杯的历史中书写传奇。在1958年世界杯中，方丹如同一位无人能敌的战士，带领法国队勇往直前。在小组赛中，他就展现出了惊人的进球能力，连续三场比赛都有进球入账，还曾上演帽子戏法。在淘汰赛中，他更是势不可当，尤其是在季军争夺战中，他连入4球，帮助法国队以6∶3大胜对手。最终，方丹以13球荣膺1958年世界杯最佳射手称号，并创造了单届世界杯最高进球纪录，这一纪录至今仍未被打破。

姓名：弗兰克·里贝里

出生日期：1983年4月7日

主要球衣号码：22号、7号

国家队数据：81场16球

"刀疤战士"

　　2岁时的一场车祸，让他的脸上留下了明显的伤疤。不幸的童年经历，却练就了他不朽的斗志。他是精灵舞者，以独特的球风与无尽的激情，书写着足球传奇。他是不屈战士，身形矫健、技巧出众，每一次盘带、突破都如行云流水，令人赞叹。他坚韧不拔、斗志昂扬，激励着队友不断前行。里贝里为法国队出战81场，打入16球，送上25次助攻。在拜仁慕尼黑队，里贝里帮助球队夺得24座冠军奖杯，他也获得了2013年度欧足联年度最佳球员。里贝里，以才华与激情书写传奇生涯。

姓名：埃里克·坎通纳

出生日期：1966年5月24日

主要球衣号码：18号

国家队数据：45场20球

"国王"

　　他力量十足，每一次冲刺都如猛虎下山；他球风彪悍，每一次登场都激情四射；他性格乖张，留下无数争议和让人忍俊不禁的瞬间。坎通纳被曼彻斯特联队（简称"曼联队"）球迷称为"国王"，他曾是球队中不可或缺的灵魂人物，率领球队拿下4次英超冠军。1994年世界杯预选赛，坎通纳打入6球，他本可成为法国队的功臣，却在生死战中连续错失机会。法国队最终无缘1994年世界杯正赛，坎通纳的国家队生涯也留下了挥之不去的遗憾。

姓名：安托万·格列兹曼

出生日期：1991年3月21日

主要球衣号码：11号、7号

国家队数据：127场44球

淬火的"格刀"

　　在绿茵场上，格列兹曼就像一把快刀，总会出现在危险地带，送给对手致命一击。格列兹曼拥有出色的脚下技术、精准的传球、强大的比赛阅读能力以及冷静的比赛心态。作为法国队的主力球员，格列兹曼帮助球队获得了2018年世界杯冠军、2020—2021赛季欧国联冠军。2016年欧洲杯半决赛，格列兹曼梅开二度帮助法国队以2：0淘汰德国队，贯穿整场比赛的高光发挥，也缔造了他国家队生涯中最为经典的一场战役。

篇首语

属于法兰西足球，别样的魅力

法国，现代足球发源地英国的近邻，其足球历史可以用一个成语来简单描述：厚积薄发。

在漫长的120年建队历史中，法国足球的前80年略显平淡：拥有过几名出色的球星，几次跻身大赛的四强，几乎就可以囊括近一个世纪中发生的所有事情。

然而，球星和成绩并不是足球世界的全部，尤其是在这个充满了浪漫气息的国度，足球所呈现出的所有内容，其实都是法国人所关注的层面。毕竟作为一个欧洲大陆强国，他们不会允许自己的足球仅仅是简单和纯粹的。

因此，在野蛮生长的年代里，就像在其他地方一样，足球在法国如野火般席卷整片土地，但负责为法国队选拔球员的联合会，因为各自隶属于不同的国际组织，之间的竞争和冲突不断，让法国队始终无法以最好的姿态面对整个足球世界。

法国足球的历史短暂、发展缓慢，似乎总是无法跟上其他国家的脚步，法国的人民在那个时候似乎也不知道一个在草地上滚动的圆圆的足球究竟有什么魅力。

然而，随着国际足球联合会（简称"国际足联"）等国际组织在法国的成立，世界杯、欧洲杯在法国的举办，法国人终于理解了其中的奥秘：足球与集体主义的联结，是让这个复杂国家团结起来的绝佳助力。正是在这样的驱动力下，法国足球踩下了自己的油门。

在世界其他地方的黑人还在遭受着不公待遇的时候，在阿拉伯人还被视为来自东方的神秘群体时，黑人球员和阿拉伯球员早早就出现在了法国队的历史上，这当然是殖民主义的原因，但在那个时候，白人、黑人、阿拉伯人，只要穿上球鞋、走上球场，大家都代表着"高卢雄鸡"（法国队昵称）。

法国足球的浪漫主义，就注定它的发展会拥有完美的包容性，也注定法国队会成为世界足坛真正的豪门球队，真正成为拥有众多超级明星的球队。

当朱斯特·方丹在1958年世界杯上创造历史（单届世界杯打进13球）、大放异彩的时候，其实没有人会在乎他出生在摩洛哥。时至今日，方丹依然是法国年轻球员的偶像之一，毕竟谁会不想在世界杯赛场上打进那么多球呢？

当米歇尔·普拉蒂尼为法国队带来第一座国际大赛冠军奖杯，甚至连续3年夺得金球奖的时候，没有人细究他拥有多少意大利血统，后人只会在足球场上一遍又一遍地模仿他的任意球绝技。

再看年轻球迷非常熟悉的这些球员：齐内丁·齐达内的父母是阿尔及利亚人，蒂埃里·亨利的祖籍在遥远的加勒比海地区，安托万·格列兹曼还有德国和葡萄牙血统，至于保罗·博格巴和基利安·姆巴佩，非洲的印记在他们身上更加明显。

这就是法国队。

正是因为这样，法国队才会在过去的四十年，变得无比强大。

当进入21世纪的第二个十年，法国队更是迎来了人才井喷的年代，国家队的边缘球员，却在欧洲各大俱乐部占据着重要地位，如此的强势阵容，法国队的腾飞，一点都不奇怪。

但与此同时，法国队也因为它的包容性而变得复杂。

当齐达内在法国遭受"是否真的热爱法国"的质疑的时候，当球队因内讧在2010年世界杯丢尽脸面的时候，当姆巴佩因罚丢点球而遭受种族歧视的时候，"你到底来自哪里"的疑问总是会再次出现。

因此，足球可以使这个国家团结起来，但要想使它分裂，其实也很简单。从某种角度来说，这就是足球运动本身的魅力，尤其在法国，魅力尤甚。

所以法国队应该感到庆幸，因为球队正处于120年建队历史中最持久的辉煌时期。法国队在2018年世界杯和2022年世界杯连续晋级决赛，仅一次夺冠的成绩或许会使一些人心中留下遗憾，但足球世界的胜利，总是需要那么一点运气的。

然而对于法国队球迷来说，他们是幸福的。1998年出生的姆巴佩还未满26周岁，他的职业生涯其实才刚刚进入最好的时代，这让人毫不怀疑——他完全有希望超越方丹在世界杯上的进球数纪录，甚至成为在世界杯上进球最多的球员。在未来的一段时间内，姆巴佩都将是法国队的核心。

不仅如此，法国队还有一连串这样的名字：奥雷利安·楚阿梅尼、爱德华多·卡马文加、沃伦·扎伊尔-埃梅里……他们都将是世界足坛最璀璨的星光。

每个人喜欢法国队都有不同的理由，而作为世界足坛不可忽视的力量，过去的法国队、现在的法国队以及未来的法国队，都是世界足球历史中浓墨重彩的笔画。

"高卢雄鸡"的啼叫注定会让天下大白，而且属于法国队的未来，其实才刚刚开始。

第一章

开始于混乱

那个时候的法国足球，或者说整个足球世界，其实都处于混沌的状态当中。

——引语

法国队

◆ "远古"起源

像大部分欧洲国家一样，国家队的成立并不等同于国家足球的起源，在1904年法国国家足球队成立之前，足球已经在法国境内开始发展。

1872年，一群来自英国的移民成立了法国足球历史上的第一个足球俱乐部——勒阿弗尔队，法国足球自此诞生。

勒阿弗尔位于法国西北部，与英国南部隔海相望，在民用航空业发展及英法海底隧道建成之前，勒阿弗尔是欧洲大陆前往英国及北美的重要通商口岸，所以法国足球由此起源，是非常正常的事情。

150多年前，当生活在法国的英国移民、码头工人、轮船水手在空地上尽情地用脚踢着足球时，法国人对此的困惑，其实和那些更遥远的地方的人的别无二致。

在交流和亲身参与后，一部分法国人才真正地认识到了这项全新的运动，于是，足球从勒阿弗尔这个港口城市，来到内陆的首都巴黎，直至偏僻的乡村，就这样，足球运动在整个法国有了自己的一席之地。

而从那时到现在，勒阿弗尔队依然活跃在法国足坛，其队徽上标注着"1872"——这是俱乐部成立的时间，同时也是法国足球起源的时间。

◆ 无序发展

19世纪末，法国足球开始呈现出一定的组织性，不仅有了俱乐部之间的比赛，也有了代表地区和国家的选拔队。

于是，在法国田径运动协会联盟的主持下，逐渐出现了法国国家男子足球队的雏形。从1900年到1904年，由法国田径运动协会联盟选拔出的法国代表队共参加了五场比赛，对手分别是比利时代表队和一些来自英国的业余球队。

五场比赛中就包括1900年巴黎奥运会上的两场比赛。法国田径运动协会联盟指派巴黎地区的冠军——法国俱乐部队，代表法国参加奥运会足球赛事，迎战代表英国的厄普顿公园队，结果法国俱乐部队0：4落败。

而在对阵比利时代表队时，法国俱乐部队则以6：2获胜，因此被判定为巴黎奥运会足球赛事的第二名，收获了一枚银牌。

法国队

　　在法国足球的官方历史上，1904年5月1日是法国队的正式成立时间。

　　在这一天，由法国田径运动协会联盟足球部秘书罗伯特·盖兰亲自选拔出的法国队队员，前往比利时参加埃旺斯·科佩所赞助的埃旺斯·科佩杯，比赛双方分别是法国队和比利时队，目的是促进法比两国的友谊，这也标志着法国队和比利时队的首次正式亮相。

　　这场比赛在比利时于克勒的维维埃体育场举行，法国队采用了当时经典的"235"阵形，队长是费尔南德·卡内尔。

　　比赛第12分钟，路易斯·梅斯尼尔打进了法国队历史上的第一球，队友马吕斯·罗耶特和加斯顿·赛普拉斯则在之后各进一球，法国队与比利时队以3∶3的比分握手言和，因此奖杯没有被颁发。

　　这场比赛的20天后，国际足联在法国成立，法国成为创始国之一。

◆ 组织混乱

　　1905年2月12日，法国队首次在主场举行比赛，对手是瑞士队。

　　在王子公园球场，凭借赛普拉斯的进球，法国队以1∶0取胜，获得了国家队历史上的第一场胜利。

然而在随后的几年当中，法国队经历了相当沉重的打击。1908年伦敦奥运会，法国队与法国B队均大比分不敌丹麦队，其中一场1∶17的比分依然是法国队历史上最惨痛的失利。

此后的一段时间，法国足坛出现了一些混乱的情况。

国际足联成立之后，法国联邦委员会成为国际足联唯一认可的代表法国足球的联合会，但法国田径运动协会联盟依然是国际奥林匹克委员会的创始成员，负责代表法国选拔参加奥运会的足球运动员。

所以在两个联合会之间的竞争和冲突下，法国队在很长一段时间内都无法选拔出11名顶尖的球员。但在这期间，法国队一些出色的表现还是值得注意的，例如1912年在都灵对阵意大利队，法国队以4∶3的比分战胜了对手。

当然了，这样的出色表现只是个例。

◆ 重归统一

1919年，法国足球协会（简称"法国足协"）正式成立，结束了不同联合会之间的冲突，法国队也终于可以派出自己的最强阵容。

于是在1921年，法国队在巴黎的潘兴体育场2∶1战胜了来自英格

法国队

兰的业余球队，获得了对阵英格兰球队的第一场胜利，这次耻辱般的失利也使得英格兰从此之后不再派出业余球队，以捍卫英国的荣誉。

然而，联合会的统一并未带来持续的胜利。法国队在1923年6战1平5负，客场1∶8不敌荷兰队，令法国上下一片哗然。所以，为了能在1924年本土举办的奥运会上获得好成绩，法国队决定聘请英国教练查尔斯·格里菲斯担任球队的主帅。

备战奥运会期间，法国队在热身赛中相继击败了一些英国俱乐部，这为他们带来了信心和动力。于是在奥运会上，法国队闯进八强，但在1/4决赛中输给了最后的冠军——乌拉圭队。

那个时候的法国足球，或者说整个足球世界，其实都处于混沌的状态当中。

地方层面有俱乐部，但只是学生、工人、社区群众之间的自娱自乐；国家层面有国家队，但和业余球员组成的球队在实力上其实没有什么区别。至于国家队之间的比赛，与其说是比赛，还不如说是除了政治、经济等层面的另一种交流方式罢了。

这项运动真正开始吸引球迷和观众，需要等到一个完美的契机——只有让来自不同国家和地区的人们在其中获得相同的归属感，足球才能成为受世界瞩目的体育运动。

很显然，世界杯是一个绝佳的机会。

第二章

世界杯体验

第一届世界杯，对所有人来说都是新鲜的。对法国队来说，就更是如此了。

球队中的绝大部分人都是第一次出国，甚至是第一次走出家乡，10多天的海上航程让大家都疲惫不已，但来到南美洲之后，一切又变得无比新鲜。

——引语

法国队

◆ 业余身份

1930年，第一届世界杯在乌拉圭举办，作为国际足联的创始国成员之一，法国队应邀参加。

法国队虽然受邀参赛，但并非夺冠热门，而且球队以年轻球员为主，只有少数球员略有名气。

这就暴露了法国足坛当时管理落后的弊病：大部分俱乐部还没有职业化，依然保留着业余属性，范围覆盖全国的联赛也还没有产生，平时的赛事仍以地区联赛为主。

更困难的是在距离世界杯开幕仅有一个多月的情况下，法国足协才开始着手组建球队。匆忙之中，法国足协挑选了16名在当时的法国国内最大规模的赛事——法国杯上表现不错的球员，并且说服了大部分球员的雇主，从而让这些业余球员登上了前往乌拉圭的轮船。

入选的16名球员当中，有2名守门员、3名后卫、5名中场和6名前锋。

年龄最小的马塞尔·皮内尔，当时只有22岁，而年龄最大的安德烈·塔辛，也只有27岁，所以整支球队极其年轻，平均年龄在23岁左右。

正因如此，球员严重缺乏参加国际比赛的经验。大多数球员入选法国队的次数少于五次，只有两名球员超过十次，分别是亚历克西斯·塞波特和队长亚历山大·比利亚普莱恩。

这些球员主要来自当时两个最重要的地区联赛（巴黎联赛和北方联赛）的俱乐部，所以球员之间也难言默契，整支球队在世界杯的征程并不让人乐观。

◆ 征战1930

1930年世界杯，总共有13支球队参加，这使得国际足联无法直接以淘汰赛的形式组织比赛，不得已设计了小组赛的形式。

13支球队被分到4个小组，法国队则被分进了唯一由4支球队组成的小组，对手分别是阿根廷队、墨西哥队和智利队。

1930年7月13日，首届世界杯的揭幕战正式打响。比赛第19分钟，法国队收获了自己在世界杯历史上的处子球：欧内斯特·利贝拉蒂传中，吕西安·洛朗凌空抽射破门。洛朗由此成为世界杯历史上第一位进球者,利贝拉蒂则送上了世界杯历史上的第一次助攻。

然而比赛开始半小时后,门将塞波特受伤,无法继续比赛。由于当时的规则不允许使用替补球员,所以中场球员奥古斯丁·尚特雷尔开始代打门将。

这一波折让法国队在剩余的一个小时里被迫少了一个人,但墨西哥队并没有利用好这一优势,反倒是法国队在半场临近结束前,又打入两球。

首届世界杯的揭幕战,法国队以4∶1的比分收获胜利。

7月15日下午5点,世界杯小组赛第二轮打响,法国队迎战夺冠热门阿根廷队。

由于当时阿根廷队和乌拉圭队斗得势如水火,当地的乌拉圭观众决定支持远道而来的法国队。可惜的是,现场观众的支持并未改变比赛局势,下半场末段,法国队后卫马塞尔·卡佩尔对阿根廷队球员犯规,路易斯·蒙蒂开出任意球,帮助阿根廷队取得领先。

然而这场比赛在最后时刻出现了混乱,裁判在比赛时间还剩6分钟时提前吹响了比赛结束的哨声,这激起了法国队球员和现场乌拉圭观众的愤怒。两队离场之后,愤怒的观众涌入球场,当地骑警不得不介入并且尝试疏散球迷。

最终在压力之下,裁判把球员从更衣室里叫了回来,两队重新回到球场，打完了最后6分钟的比赛。在这剩余的6分钟中，埃德蒙·德尔福的射门击中门柱，没能改写比分。

由于球员出色的表现和这场比赛波折的过程，法国队还是赢得了乌拉圭观众的热烈掌声。

法国队虽然在小组赛第二轮当中输给了阿根廷队，但并未被立刻淘汰。

根据当时的小组赛规则，比赛获胜的球队将会获得两分，战平获得一分，输球则不会得分，所以在小组赛第二轮结束之后，法国队获得两分。法国队如果能在最后一轮击败智利队，仍有获得小组头名的希望。

对阵智利队的比赛开始后，两支球队打得难解难分。智利队在比赛第30分钟获得点球机会，但法国队门将塞波特扑出了智利队后卫吉列尔莫·苏比亚布雷的点球，塞波特也就此成为世界杯历史上第一位扑出点球的门将。

然而在比赛第67分钟，法国队的球门还是被攻破了，苏比亚布雷头球破门。丢球之后的法国队尝试反攻，但未能扳平比分。

另一场比赛，阿根廷队击败墨西哥队，法国队最终以1胜2负、进4球失3球的成绩获得了小组第三，未能从小组赛中晋级淘汰赛，从而结束了在第一届世界杯上的征程。

法国队

第一次世界杯的征程结束之后，法国队还留在当地，和巴西队打了一场友谊赛，虽然2：3失利，但法国队证明了自己有实力和世界上最强的球队进行较量。

未能晋级世界杯淘汰赛固然令人遗憾，但法国媒体对法国队的表现总体上还是满意的，不过，媒体对比赛的报道并不完整，因为没有多少报社能支持自己的记者前往遥远的乌拉圭观战。

从结果上来看，这些年轻球员的确征服了业内人士。世界杯结束之后，不少球员都确立了自己在法国队中的地位，其中一些球员代表法国队的出场次数在随后几年稳步增长。

尤其是为法国队打入世界杯首球的洛朗，法国足协一直牢记他的功劳。在1998年法国世界杯的揭幕战上，作为入选1930年世界杯大名单且唯一在世的球员，洛朗被邀请观赛。

第一届世界杯，对所有人来说都是新鲜的。对法国队来说，就更是如此了。

球队中的绝大部分人都是第一次出国，甚至是第一次走出家乡，10多天的海上航程让大家都疲惫不已，但来到南美洲之后，一切又变得无比新鲜。

尤其是在这片大陆，足球显然在被更认真地对待，但与此同时，法国人却对足球并没有太大的热情。

◆ 征战1934

参加了1930年世界杯之后，法国足球的发展并未提速。

由于1932年洛杉矶奥运会没有设置足球比赛，所以在1934年意大利世界杯之前，法国队没有正式比赛可以参加，而在这期间的23场友谊赛中，法国队只取得了7胜3平13负的平庸战绩。

第一届世界杯在南美洲举办，其热潮并未跨过大西洋，也没能加快法国足球的发展，法国的球员依然以业余球员为主，联赛也只在地区层面开展，全国层面的足球联赛有了一点雏形，但很快烟消云散。

这使得法国足球运动的发展大幅落后于英格兰等先进地区，也使得在这段时间里，法国队仍以1930年世界杯的参赛球员为主，为数不多的进步则是在1931年5月14日法国队首次战胜了英格兰队。

受到第一届世界杯成功举办的影响，加之在欧洲大陆的意大利举办，1934年世界杯的报名球队大大增加，数量达到32支。

因此，比赛形式终于可以按照早期的设想，由16支球队直接进行淘汰赛，所以本届世界杯设置了预选赛模式，21支欧洲球队需要争夺12个参赛席位，法国队和德国队、卢森堡队分到了同一个小组。

预选赛期间，德国队以9∶1的比分大胜卢森堡队，法国队也以6∶1的比分战胜卢森堡队。按照规则，德国队和法国队原本也应该进行一场较量，从而分出小组第一、二名，但由于两队都已获得晋级名额，所以这场比赛并没有进行。

随着1934年世界杯临近开幕，法国队确定了最后的大名单。

较之第一届世界杯，法国队的大名单人数从16人增长至22人，其中有3名守门员、5名后卫、5名中场和9名前锋。

这依然是一支很年轻的法国队，平均年龄在24岁左右。最年轻的是路易斯·加布里拉格斯，比赛开始时他只有19岁零11个月，而最年长的是曼努埃尔·阿纳托尔，刚刚年满30岁，这些球员依然缺乏在国际舞台上的比赛经验。

他们中大多数人入选法国队的次数少于十次，不过，有3名球员已经有了超过20次的国家队经历，分别是队长塞波特、艾蒂安·马特勒和德尔福，他们也是1930年世界杯的法国队参赛成员。

有所进步的是，到了1934年，法国队的大部分球员都已经在职业俱乐部踢球，除了后卫乔治·维里斯特仍然是业余球员之外，其他人都已经是职业球员。

按照国际足联的规则，16支参赛球队将分为种子球队和非种子球队，通过抽签分组进行淘汰赛。

法国队未能获得种子球队的身份，于是在抽签时遇到了实力强大的奥地利队，法国队的第一场比赛极有可能就是最后一场比赛。

1934年5月27日下午4点30分，法国队在都灵的都灵奥林匹克球场迎战奥地利队。这场比赛有16000余名观众，其中法国球迷占据了多数，达到了10000余人。

奥地利队由从1912年起便担任主教练的雨果·梅斯尔带领，由绰号为"足坛莫扎特"的马特西亚斯·辛德勒、安东·沙尔和卡尔·齐施克等优秀球员组成。

为了对抗这个强大的对手，法国队的战术教练乔治·金普顿给出了清晰的防守指示，法国队后卫维里斯特被赋予了全场跟防奥地利队前锋辛德勒的职责。

这给奥地利队带来了不小的麻烦，于是法国队占据优势，让·尼古拉斯为"高卢雄鸡"先拔头筹，奥地利队则在上半场结束前抓住机会，由辛德勒扳平比分。

下半场两队都没有进球，比赛因此进入了加时赛。比赛第100分钟，辛德勒将球传给处于明显越位位置的沙尔，法国队球员急忙向裁判示意而没有进行防守，奥地利球员沙尔破门得分，裁判没有理会法国队的抗议，依然判定进球有效，这让法国队在极具争议的情况下陷入落后局面。比赛第112分钟，奥地利队再进一球，将比分优势进一步扩大。

加时赛结束前，法国队设法缩小了比分差距，维里斯特打进了法国队的第二球，在终场哨声吹响时，比分定格在2：3。

其实法国队被淘汰并不意外，尤其是输给奥地利队这样强大的对手，但和上一届世界杯时一样，法国队证明了自己虽然实力有限，但仍有能力和最强大的球队较量。所以当法国队返回法国时，巴黎的里昂火车站有超过4000人迎接球队，战术教练金普顿还获得了掌声和欢呼。

但这位优秀的教练并没有执教法国队更长时间，他在1934年世界杯后便选择离任，因为自1919年执教法国队的主教练加斯顿·巴罗并不欣赏他的战术，这也使得法国队在1938年本土举办的世界杯上无法最大限度展现球队的实力。

◆ 征战1938

1938年，法国举办了第三届世界杯。

这届世界杯共有37支球队报名参加，除了东道主法国队和上一届冠军意大利队直接入围正赛，其他队都需要参加预选赛。但因为抗议世界杯再次在欧洲举办以及其他原因，所以实际参加预选赛的球队只有21支，同时和上一届一样，最后有16支球队晋级正赛。

法国队由22名球员组成，主教练依然是巴罗。

在这届世界杯中，法国队表现得不错。1938年6月5日下午5点，法国队在坐满了观众的伊芙庄园奥林匹克体育场3∶1战胜了老对手比利时队，埃米尔·维南特先拔头筹，尼古拉斯梅开二度，帮助法国队首次在世界杯上晋级下一轮。

1/4决赛在7天后进行，1938年6月12日下午5点，法国队遭遇上一届世界杯东道主，同时也是上一届冠军的意大利队。虽然奥斯卡·海瑟尔在上半场为法国队打进一球，但意大利队下半场发力，以3∶1的比分战胜了法国队。

法国队就此被淘汰，也使得世界杯东道主球队夺冠的纪录在第三届就宣告打破。

法国举办的世界杯，虽然成为意大利队成功卫冕的舞台，但足球比赛的精彩让法国球迷如痴如醉。

可以说从这个时候开始，法国人才真正意识到了足球的魅力，这份魅力并不只是因为这项运动用脚来主导、偶然性极大，更多的是因为它规模和组织性强，让它看起来很像旧时代的战争场面。

尤其是坐在最上面的看台俯视球场上发生的一切时，人性中的尔虞我诈会显露无遗。

这本是法国足球借力发展的最好时机，但随着第二次世界大战的爆发，足球运动不再是欧洲大陆关注的焦点，它在法国的发展也被迫停滞。

那个时候，和平比足球更重要。

20世纪30年代，法国足球虽然发展速度不快，但已经展现了自己在国际大赛上的潜力。战争让法国队的潜力无法延续，但在这十年中，雷蒙德·科帕、方丹等在战后大名鼎鼎的法国球员相继出生，后来成为法国足球重新起步的真正推力。

法国足球的崛起，已经处于萌芽状态。

第三章

第一次辉煌

方丹也凭借在单届世界杯打进13球，毫无
疑问地成为这一届世界杯的最佳射手，同时也创
造了单届世界杯的最高进球纪录。

——引语

法国队

◆ 世界杯归来

1950年，第四届世界杯在巴西举办。

由于受到第二次世界大战的摧残，法国国内百废待兴，法国队也是如此。预选赛期间，法国队和南斯拉夫队狭路相逢，两支球队足足进行了三场比赛的激烈较量，前两场比赛都以1∶1收场，第三场比赛则打到了加时赛，最终南斯拉夫队在比赛第114分钟绝杀法国队，致使后者错过了1950年世界杯。

不过，法国队在这期间已经开始整装待发，并且在1951年2∶2战平英格兰队，险些成为第一支在英国本土战胜英格兰队的球队。

1954年，瑞士世界杯如期举办。

预选赛期间，法国队兵不血刃，在与爱尔兰队和卢森堡队组成的小组当中占据绝对优势，赢下了全部的比赛，以小组第一的身份获得正赛名额。

从1950年世界杯开始，国际足联不再进行16支球队捉对厮杀的淘汰赛，而是设立了小组赛模式。但在1950年世界杯，小组赛的赛制规则引发争议，于是在1954年世界杯，国际足联修改了比赛规则。

小组赛开始前，国际足联通过世界杯前的正式比赛和友谊赛结果，在每个小组中分出两支种子球队和两支非种子球队，从而创造了一项奇怪的赛制：小组赛阶段，种子球队之间不进行比赛，非种子球队之间也不进行比赛，小组赛的获胜球队获得两个积分，两队战平则各获得一个积分，输球的球队不获得积分。小组赛中如果两队打平，需要进行30分钟的加时赛，如果依然是平局，那本场就以平局结束。

小组赛结束后，积分排在前两名的球队出线。如果前两名同分，则抽签决定谁是第一名；如果第二名和第三名同分，则需要通过附加赛决出谁是第二名。

基于这样的规则，法国队和巴西队获得了种子球队的身份，同组的南斯拉夫队和墨西哥队则为非种子球队。

揭幕战上，冷门就已经出现。凭借米洛斯·米卢蒂诺维奇的进球，南斯拉夫队1∶0小胜法国队，由于另一场比赛巴西队5∶0轻松击败墨西哥队，这使得法国队的晋级形势立刻变得岌岌可危。

小组赛第二轮，法国队苏醒过来，但只是以3∶2的比分艰难战胜墨西哥队，获得了两个积分。

然而在另一片场地，巴西队和南斯拉夫队1∶1握手言和，寄希

法国队

望于两队分出胜负的法国队最后失望而归，因为巴西队和南斯拉夫队同积三分，力压法国队携手出线。

两次世界杯，法国队都在展现真正实力之前便惨遭淘汰。

这凸显了法国队进入比赛状态过慢的缺点，但20世纪50年代的法国队并不缺乏实力，这一点在1958年世界杯上便得到了验证。

1958年瑞典世界杯，法国队顺利地通过预选赛，获得了参加世界杯的资格，而在参赛大名单当中，24岁的方丹赫然在列。

1933年8月18日，方丹出生于摩洛哥的马拉喀什。20岁的时候，他奔赴法国，加盟了尼斯队，开始接受系统性的足球训练，在1953—1954赛季，方丹就随队获得法国杯冠军。

1953年12月27日，在法国队8：0大胜卢森堡队的世界杯预选赛上，方丹上演了自己在法国队的处子秀。不过在这之后，方丹虽然在俱乐部赛场斩获大量的进球，并且夺得多个冠军，但始终无法再入选法国队。

直至1956年10月7日，方丹才第二次代表法国队出场比赛。

1957—1958赛季，方丹帮助兰斯队先后夺得法国足球甲级联赛冠军以及法国杯冠军，这为他入选法国队的世界杯大名单铺平了道路。

然而，无论是负责选拔球员的保罗·尼古拉斯，还是法国队主教练阿尔伯特·巴特克斯，恐怕都没有想到方丹将在瑞典大放异彩。

◆ 方丹进行曲

1958年世界杯，法国队与苏格兰队、南斯拉夫队和巴拉圭队分在同一个小组。

小组赛第一场，法国队7：3大胜巴拉圭队，方丹上演了帽子戏法；小组赛第二轮，法国队2：3不敌老对手南斯拉夫队，方丹则梅开二度，保持着自己的进球感觉；小组赛第三轮，法国队2：1击败苏格兰队，从而获得了小组头名，方丹又打入一球。

小组赛阶段，方丹共打入6球，在他的火热状态下，法国队也表现出色，大有创造最好成绩的势头。

1/4决赛，法国队遭遇北爱尔兰队。

在10000余名观众的注视下，法国队4：0轻取北爱尔兰队，进入了世界杯四强，创造了球队在这项赛事上的最佳成绩，方丹也打入两球。接下来，法国队遭遇的是极其强大的巴西队。

这也是方丹和贝利两大球星之间的直接较量。

法国队

　　1958年6月24日，在瑞典首都斯德哥尔摩的拉桑达球场，37000余名观众目睹了一个不满18岁的少年的杰作，贝利的光芒掩盖了最佳射手方丹。

　　上半场比赛，巴西队快速取得了领先，瓦瓦在第2分钟的进球奠定了比赛的基调，7分钟后罗杰·皮安托尼助攻方丹为法国队扳平比分，这一度让法国队看到了希望，但迪迪在半场结束前的远射让巴西队带着优势进入下半场。

　　下半场比赛，主角变成了贝利。从第52分钟到第75分钟，贝利上演了他在世界杯上的第一个帽子戏法，随着比分变为1∶5，比赛也就此失去了悬念。最后时刻，法国队向巴西队球门发起了最后的冲击，收获一球，用2∶5的比分为自己挽回了些许颜面。

　　虽然输给了巴西队，但法国队的表现依然算是出色，毕竟方丹在贝利身旁相形见绌，这是很正常的事情。

　　季军赛，法国队面对联邦德国队，方丹重新找回状态，他连入4球，帮助法国队6∶3大胜对手夺得季军，法国队取得了在世界杯赛场的第一个优异战绩。

　　方丹也凭借在单届世界杯打进13球，毫无疑问地成为这一届世界杯的最佳射手，同时也创造了单届世界杯的最高进球纪录。

◆ 高潮过后

1958年世界杯上的第三名，是法国队历史上的第一个高潮，然而这个高潮来得快，去得也快，就像方丹的职业生涯一样。

方丹回到兰斯队之后，依然在帮助球队进球、夺冠，但在1961年，方丹在对阵索肖队的比赛中摔断胫骨，而在休养10个多月之后，再次伤到胫骨。

于是在1962年7月，由于饱受伤病困扰，年仅28岁零11个月的方丹选择了退役。

辉煌有多么振奋人心，辉煌后的低谷就有多么让人无奈。

或许方丹是上天送给法国队的第一份礼物，但可惜他生错了时代。在20世纪五六十年代，世界足坛只有一个名字，那就是贝利。

成为背景板是那个时代其他球员的宿命，而对于好不容易才有了方丹的法国队来说，这也是球队的宿命。

失去了方丹这个王牌射手后，法国队变得一蹶不振。

1960年，欧洲国家杯（欧洲杯前身，统一简称"欧洲杯"）在法国举行，共有4支球队参加，作为东道主的法国队直接获得从半决赛打起的资格。

半决赛上，法国队再次遭遇南斯拉夫队。直到比赛的第75分钟前，法国队仍以4∶2的比分保持领先，然而在短短的4分钟内，南斯拉夫队打进3球，将比分逆转为5∶4，就此获得了参加决赛的资格。

本土作战的法国队只好再次在季军赛中安慰自己，面对捷克斯洛伐克队，法国队0∶2不敌对手。

这一结果拉开了法国队自1960年开始长时间表现低迷的帷幕，直至以普拉蒂尼为代表的又一批"黄金一代"横空出世。

第四章

当低谷来临

自1958年方丹和科帕等人帮助法国队拿到世界杯季军后，法国队在1962年、1970年和1974年三届世界杯均止步于预选赛阶段，只闯进过1966年世界杯正赛，但在小组赛结束后便打道回府。

——引语

法国队

◆ 低潮开始

在未能夺得欧洲杯冠军之后，法国队开始了1962年世界杯的征程。

预选赛阶段，法国队与芬兰队、保加利亚队分进了同一个小组。在这个小组当中，芬兰队是实力最差的一支球队，在两回合对阵法国队和保加利亚队的比赛中，芬兰队未能取得任何一个积分。

所以，小组出线的关键战役就是法国队和保加利亚队的直接较量。

首回合，法国队在主场以3：0的比分战胜了保加利亚队，占据了小组出线的先机，然而在小组赛最后一轮，法国队在最后一刻错失了直接出线的机会。

1961年11月12日，保加利亚队在瓦西尔·列夫斯基国家体育场迎战法国队，这场比赛吸引了55000余名球迷到现场观赛，绝大部分都是保加利亚球迷。

或许是受到了现场氛围的影响，首回合表现出色的法国队遇到了极大的困难，球队始终无法找到攻破保加利亚队球门的方法，反倒是自己的门前屡屡出现险情，这让打平即可出线的法国队陷入了被动的局面。

最终在第89分钟，恐惧变成了现实。保加利亚队前锋赫里斯托·伊利耶夫为球队打入绝杀球，使法国队整场比赛的努力付诸东流。

此役过后，法国队和保加利亚队均以3胜1负的战绩，获得了六个积分。

当时的小组赛规则并不支持球队以净胜球或者相互间胜负关系分出排名先后。这使得法国队此前大胜芬兰队的大量进球没有带来额外效果，于是在1961年12月16日，法国队和保加利亚队再战一场，用附加赛的结果来判定谁能获得智利世界杯的参赛名额。

这场比赛同样进行得非常胶着，上半场法国队没让保加利亚队球员收获进球，但在比赛的第47分钟，保加利亚队球员迪米塔·雅基莫夫的进球打破了僵局。

丢球之后的法国队全力反攻，试图在剩下的时间里扳平甚至逆转比分，但保加利亚队展现了自己在预选赛后期的优秀防守能力，再次零封了法国队，后者就此失去了参加智利世界杯的机会。

虽然这次失败令法国队感到痛苦，但外界对这支球队依然保持着一定的信心，因为没有了方丹，法国队还有科帕。

科帕出生于1931年10月13日，被认为是法国足球历史上最优秀的球员之一。科帕在1958年荣获金球奖，是第三位获得这一荣誉的球员，也是第一位获得此殊荣的法国球员。

科帕在1958年世界杯上的表现和方丹一样出色，虽然他和方丹联手也没能阻止贝利和巴西队，但在方丹退役之后，科帕依然是法国队的重要球员。

然而在1964年欧洲杯预选赛期间，事情发生了变化。

◆ 大将离去

1964年欧洲杯预选赛阶段，法国队先是在客场1∶1战平英格兰队，几个月后回到王子公园球场，法国队又以5∶2大胜英格兰队，顺利闯进下一阶段。法国队接下来的对手，刚好是导致其未能参加智利世界杯的保加利亚队。

在主场战胜英格兰队和在客场挑战保加利亚队之间，法国队有7个月的准备时间。在这段时间，主教练维里斯特安排了数场与多个俱乐部之间的热身赛，科帕在这些比赛中表现飘忽，时好时坏。

这引发了法国媒体对他的批评，主教练维里斯特也是发出批评声的一员，于是在对阵标准列日队的比赛后，维里斯特将科帕从比赛大名单中剔除。

然而到了首回合对阵保加利亚队的时候，法国队又吃到了一场败仗，保加利亚队球员托多尔·迪耶夫的进球让法国队再次铩羽而归。

输球引发了连锁反应。

在部分法国民众的压力下，维里斯特不得不重新征召科帕参加次回合对阵保加利亚队的比赛，但在重返法国队之前，科帕要求主教练维里斯特先收回对他的批评，并且向他道歉。维里斯特拒绝了这一要求，所以科帕也拒绝了法国队的征召。

科帕的这一举动导致他吃到了禁赛处罚，而没有科帕的法国队则在王子公园球场3∶1战胜了保加利亚队，有惊无险地晋级了欧洲杯预选赛的第三阶段。

比赛结束之后，一份法国报纸的标题就写道："法国赢了，科帕输了。"因此，科帕再也没有入选法国队，他代表法国队的出场次数也永远停留在了45场。

主教练维里斯特因为率队逆转战胜保加利亚队，他在与当家球星冲突后，其个人权威反而得到了增强。

然而权威的增强并不会直接带来比赛的胜利。欧洲杯预选赛第三阶段，法国队遭遇匈牙利队，"高卢雄鸡"在主场1∶3不敌对手，客场也以1∶2输球，两回合比赛的表现都不尽如人意，未能打进1964年欧洲杯正赛。

然而，这还只是一个开始。

法国队

◆ 灾难降临

1966年世界杯，英格兰队成为东道主球队，作为与"三狮军团"（英格兰队昵称）在欧洲隔海相望的邻居，法国队在这届世界杯上的存在感并不强。

预选赛阶段，法国队又遇到了老对手南斯拉夫队，同组的还有挪威队和卢森堡队。

在直接较量中，南斯拉夫队在主场1：0小胜法国队，但后者只输掉了这一场比赛，剩余的比赛全部取胜，以近乎完美的战绩取得小组第一，拿到了世界杯的门票。

来到世界杯小组赛阶段，法国队的签运不佳，与东道主英格兰队分到了同一个小组，同组对手还有来自美洲的两支劲旅乌拉圭队和墨西哥队。

虽然法国队提前三周就进行备战训练，但第一场比赛，法国队在温布利大球场和墨西哥队以1：1的比分握手言和，两天后的第二场比赛，乌拉圭队则以2：1的比分战胜了法国队。

一平一负的战绩，让法国队必须在第三轮战胜东道主英格兰队，才有可能从小组出线。这当然是一个极其困难的任务。

1966年7月20日晚上7点半，比赛正式开打，温布利大球场座无虚席，98000名观众见证了英格兰队以2∶0的比分战胜了法国队。

上、下半场，英格兰队各进一球，法国队则难以招架，充分暴露了自己没有球星带队的缺陷，法国队的人才凋零也可见一斑。最终，法国队以一平两负的战绩，排在小组最后一名，早早结束了自己在1966年世界杯上的征程。不过法国队并没有时间感到悲伤，因为几个月之后1968年欧洲杯的预选赛就将开打。

在欧洲杯预选赛阶段，法国队和比利时队、波兰队、卢森堡队分在了同一个小组，比赛难度不是很大，六场比赛，法国队取得了4胜1平1负的战绩，顺利晋级下一阶段的比赛。

第二阶段，法国队再次遭遇到已经多次交手的南斯拉夫队。1968年4月6日，两支球队的首回合比赛在马赛的维洛德罗姆球场开打，凭借弗勒里·迪纳洛的进球，法国队在主场艰难地取得了一场平局。

18天之后，两支球队的次回合比赛移师到贝尔格莱德的游击队球场，或许已经有人想到了法国队难以在客场取得胜利，但恐怕没有人会想到法国队会在客场以1∶5的比分惨败。

比赛开始仅32分钟，法国队就以0∶4的比分落后，彻底失去了斗志。法国队在1966年世界杯之后，再次遭遇了沉痛的打击。

法国队

灾难依然没有结束。

在1970年墨西哥世界杯预选赛上，法国队先是在斯特拉斯堡的梅纳乌球场以0∶1不敌挪威队，随后又在斯德哥尔摩的拉桑达球场以0∶2的比分输给了瑞典队。

这场比赛结束之后，瑞典队就拿到了六分，而法国队和挪威队只获得了两分，这使得瑞典队在最后一场客场挑战法国队的比赛之前，就已经锁定了1970年世界杯正赛的名额，而法国队只能用最后一场比赛来安慰自己。最后一场比赛，法国队以3∶0取胜，但也已毫无意义。

缺席世界杯并未让法国队知耻而后勇，隧道的尽头依然遥远。

1972年欧洲杯预选赛，法国队落入有匈牙利队、保加利亚队和挪威队的小组。这三支队伍都是法国队在过去十几年的老对手，所以法国队的晋级难度有多大，在比赛开打之前已经不言而喻。

法国队在主场3∶1战胜挪威队之后难求一胜，先后在客场1∶1战平匈牙利队、客场1∶3不敌挪威队、主场0∶2输给匈牙利队。

最后两场对阵保加利亚队的比赛，法国队先是以2∶1赢下第一场，表现糟糕的法国队在理论上仍然保有微小的出线机会——需要打出4球获胜的结果才能与匈牙利队并列小组第一。

令人困惑的是，时任法国队主教练乔治·布洛涅并没有对已经无缘晋级的保加利亚队掀起进攻狂潮，而是照旧派出了一支以防守为主的球队，试图在防守的基础上打出进攻。

最后的比分证明，法国队的战术计划并没有收到预想的结果，如果不是伯纳德·布兰切特的进球，法国队甚至要在客场以0：2输球。

1974年世界杯预选赛，法国队遇到了一个全新的对手苏联队，另一个对手则是爱尔兰队。

在主教练布洛涅的带领下，法国队延续了在1972年欧洲杯预选赛时的表现，第一场比赛1：0小胜苏联队，随后再也未能取得任何一场比赛的胜利。最后一场比赛，法国队必须击败苏联队才能出线，但在如此高强度的比赛中，法国队充分暴露了自己在防守和心理层面的脆弱，最终以0：2落败，排在小组最后一名。

◆ 余震不断

法国队的悲剧命运，在连续缺席了两届世界杯之后，还没有结束的迹象。连续的失败过后，法国队更换了主教练，新任主帅斯特凡·科瓦奇努力建立一支稳定的球队，在中后卫位置上选用了马吕斯·特雷索和让·皮埃尔·亚当斯，这是两名非常优秀的黑人中卫。

法国队

　　此时的法国队已经走出了青黄不接的困局，球队内不乏才华横溢的球员，但在防守端的不稳定让其很快就失去了打出好成绩的机会。

　　在预选赛期间，法国队与比利时队、民主德国队和冰岛队分到同一个小组。

　　直至第四场比赛，法国队在主场3：0击败冰岛队，收获了球队在这一届欧洲杯预选赛的第一场胜利，而这也是法国队唯一的胜利。

　　随后的两场比赛，法国队先是在客场1：2输给了民主德国队，然后在主场0：0战平了比利时队，最终只获得小组第三。

　　自1958年方丹和科帕等人帮助法国队拿到世界杯季军后，法国队在1962年、1970年和1974年三届世界杯均止步于预选赛阶段，只闯进过1966年世界杯正赛，但在小组赛结束后便打道回府。

　　而在欧洲杯的舞台上，法国队在1960年首届比赛拿到第四名之后，在1964年、1968年、1972年和1976年欧洲杯都无法进入正赛。

　　所以，那段时间法国队的球迷无疑是极为痛苦的，他们似乎正在眼睁睁地看着一个欧洲大国的足球队，在经历了20世纪50年代的短暂辉煌后，正一步步走向沉沦。

　　那时的他们当然不会想到，法国队将从这一刻开始触底反弹，重新创造自己的辉煌时刻，而这一时刻甚至比20世纪50年代还要更加耀眼。

　　法国队中最重要的那个名字，叫作米歇尔·普拉蒂尼。

第五章

"救世主"降临

普拉蒂尼的绝杀球，是这位法国队组织核心
在本届欧洲杯打入的第8球，而他的进球好运依
然没有结束的迹象。对于第一次闯进国际大赛决
赛的法国队来说，其迎来了书写辉煌历史的黄金
机会。

——引语

法国队

◆ 天才诞生

1955年6月21日，普拉蒂尼出生于法国洛林。

普拉蒂尼的父亲阿尔多·普拉蒂尼出生于洛林的弗雷讷昂沃埃夫尔，他拥有意大利血统，其父辈在第一次世界大战后来到洛林定居，就像许多来到洛林的铁矿厂或钢铁厂工作的意大利人和波兰人一样。

阿尔多是一名出色的业余球员，年轻时曾担任洛林一支业余球队的队长，28岁左右时曾有机会与职业球队签约，但对他来说，那份合同送来的时间太晚了，而且他也较为谨慎，不敢投身于职业足球，宁愿追求更稳定的数学老师职业。

有了儿子之后，阿尔多一直在尝试教儿子踢球，当时他自己就在洛林地区的南锡足球俱乐部任职。

1972年，普拉蒂尼在加入梅斯俱乐部梯队前的一次体检中出了大问题，在接受呼吸测试时，他未能通过肺活量测试，甚至晕倒在地，当时的医生将他误诊为心力衰竭。

万幸的是，普拉蒂尼最终还是加入了职业俱乐部的梯队，只不过是在父亲工作的南锡，普拉蒂尼也是在那里重新收获了信心。

1972年，普拉蒂尼在南锡队开始了自己的职业生涯，仅仅在两三年后，他就成为极为优秀的球员。在1976年初，还不到21岁的普拉蒂尼第一次入选了法国队。

1976年3月27日，法国队与捷克斯洛伐克队在热身赛以2：2的比分握手言和，普拉蒂尼第一次穿着法国队的球衣登场。

这场比赛不仅是普拉蒂尼在法国队的首秀，也是法国队新任主教练米歇尔·伊达尔戈的第一场比赛。

虽然法国队没能闯入1976年欧洲杯正赛，但在1976年蒙特利尔奥运会上，普拉蒂尼代表法国奥林匹克足球队（法国国奥队）参加了奥运会的足球比赛。小组赛阶段，法国国奥队力压以色列国奥队、墨西哥国奥队和危地马拉国奥队，获得了小组第一。但在1/4决赛，法国国奥队0：4不敌民主德国国奥队，止步八强。

虽然法国队的成绩一般，但普拉蒂尼的表现让他成为法国足坛的明星，于是在1976年末开始的1978年世界杯预选赛，普拉蒂尼就成为法国队的常客。

那届世界杯预选赛，法国队与保加利亚队、爱尔兰队分在了同一个小组，所以法国队的最大对手就是保加利亚队。

1976年10月9日，法国队在客场挑战保加利亚队，两支球队最终

法国队

以2∶2的比分战平，法国队只收获了一个积分，普拉蒂尼在比赛第
37分钟为法国队打进一球。

然而这场比赛充满了争议。在比赛当中，苏格兰裁判伊恩·富
特成为焦点，他吹掉了普拉蒂尼的一次有效进球，反倒将保加利亚
队前锋越位在先的进球判为有效。

在比赛最后的读秒阶段，富特还判给了保加利亚队一个极具争
议的点球，这引发了法国球迷的极度愤怒。不过保加利亚队球员没
有将点球罚进，法国队才得以带着平局的结果离开客场。

后续的预选赛过程，法国队也并非多么顺利，毕竟球队依然不
够成熟。

法国队在主场2∶0战胜爱尔兰队，取得了在本届预选赛的第一
场胜利。但紧接着就在客场输给了爱尔兰队，这再度让法国球迷回
忆起了无缘1970年和1974年世界杯的熟悉剧情。

最后一场比赛，法国队在王子公园球场再次迎战保加利亚队，
这次"高卢雄鸡"没有让噩梦重演。普拉蒂尼打进一球，帮助法国
队以3∶1的比分战胜保加利亚队，法国队在1966年之后重新回到了
世界杯的舞台。

这场比赛的关键程度，不仅取决于法国队最终取得的成绩，也
因为这场胜利是以普拉蒂尼、多米尼克·罗歇托、特雷索、马克西

姆·博西斯、多米尼克·巴特纳伊和迪迪埃·西克斯为代表的法国
足坛新锐一代球员所取得的。

所以过去的噩梦已经结束，法国队已经走到了隧道的尽头。

在世界杯的备战期间，普拉蒂尼在对阵意大利队的比赛中展现
了自己的能力，尤其是他的任意球绝技。

1978年2月8日，意大利队在那不勒斯对阵法国队，当时不少意
大利俱乐部的老板都在现场观赛，想要看一看这位在法国饱受赞誉
的年轻球员。

事实正如外界所料，普拉蒂尼在这场比赛中的表现非常出色，
尤其是用任意球攻破意大利队传奇门将迪诺·佐夫把守的球门，更
是让不少现场的意大利足球圈人士赞叹不已。

在意大利电视台转播的这场比赛中，普拉蒂尼与佐夫进行了
多次一对一的较量，前者基本都占据了上风，这使他成为意大利的
明星。

◆ 上交学费

在1978年世界杯上，以普拉蒂尼为代表的这群优秀的法国球

员，还是在足球比赛的最高舞台上付出了年轻的代价。

抽签仪式上，法国队便意识到世界杯征程的难度在进一步增加，因为"高卢雄鸡"又一次和东道主球队分进了同一个小组。

1978年6月2日，小组赛第一轮正式开打。面对意大利队，法国队的年轻人立刻就感受到了世界杯的与众不同。

法国队的开局本来非常顺利，在比赛第37秒就打入一球。然而在这之后，意大利队就掀起了自己的进攻狂潮，法国队的后防线开始面临沉重的压力。上半场尚未结束，意大利队凭借保罗·罗西的进球扳平比分。下半场比赛，雷纳托·扎卡雷利为意大利队反超比分，法国队首战就吞下败局。

四天后的第二轮比赛，法国队在狂热的气氛下挑战东道主阿根廷队。

这场比赛，法国队的年轻球员打得朝气蓬勃，没有了初登大赛时的心理压力，这使得阿根廷队在主场也没能很好地掌控比赛，在上半场用一个有争议的点球才取得了比分的领先。

下半场，比分落后的法国队并没有因此束手束脚，比赛第60分钟，普拉蒂尼为法国队扳平比分。不过，实力强大的东道主球队总会得到幸运女神的垂青，阿根廷队凭借莱奥波尔多·卢克在第73分钟的抽射破门，以2：1赢得了比赛。

由于意大利队和阿根廷队在前两轮都取得了全胜，所以小组赛的晋级名额在最后一轮开打之前就已确定，普拉蒂尼等人只能接受在第三场比赛后打道回府的结果。

于是，完全没有压力和包袱的法国队面对匈牙利队打出了一场精彩的比赛，尤其是在上半场，两队一共打进4球。而3∶1的比分在下半场没有变化，法国队收获了一场不能够挽回颜面，但足以让年轻球员收获信心的胜利。

小组赛出局后，普拉蒂尼惊讶地发现，外界认为法国队在世界杯上成绩不佳，是因为声名在外的自己表现一般。

几乎在每一个客场比赛，普拉蒂尼都会招致对手球迷的嘘声对待，法国球星只能以沉默回应。但祸不单行，法国队在1980年欧洲杯预选赛上的表现，给了这些球迷更多的口实。

这一届欧洲杯预选赛上，法国队与捷克斯洛伐克队、瑞典队和卢森堡队分在同一个小组。这本该是法国队年轻球员展现自身实力的比赛，但在第一场比赛中，法国队就给自己制造了一个麻烦。

1978年9月1日，法国队在王子公园球场迎战瑞典队。按照法国队的实力，其本该拿下这场比赛，为自己在预选赛开一个好头，比赛刚开始也是如此展开的。

在比赛临近结束前，法国队依然凭借马克·伯多尔和西克斯的

法国队

进球保持着对瑞典队的一球领先优势。然而在伤停补时阶段，法国队中场丢球，瑞典队立即展开反击，法国队门将安德烈·雷伊犹豫不决，让法国队2∶1的开门红变成了一场2∶2的平局。

在之后的两场比赛，虽然法国队收获全胜，但第四场比赛在客场不敌捷克斯洛伐克队，让法国队的排名落到了小组第二的境地。

接下来，法国队在做好自己的同时，只能期盼捷克斯洛伐克队犯下错误，从而缩小两支球队的积分差距。然而捷克斯洛伐克队保持了相当程度的稳定，迫使法国队必须在主场击败捷克斯洛伐克队之后，寄希望于卢森堡队完成对捷克斯洛伐克队的阻击。

1979年11月17日，法国队2∶1战胜捷克斯洛伐克队，做好了自己需要做好的全部事情。然而7天后的最后一场比赛，捷克斯洛伐克队在主场4∶0大胜卢森堡队。

从某种角度来说，指望卢森堡队"救驾"已经说明了法国队在第一场比赛的失误有多么致命，普拉蒂尼和他的队友还是为自己的年轻和稚嫩付出了代价。但在整个预选赛期间，法国队的表现也是有目共睹的，球队再也不是外强中干，而是在普拉蒂尼等人的带领下，成为一支打法华丽同时也能取得比赛胜利的真正强队。只不过，法国队依然会在某些时刻表现得不够稳定而已。

法国队已经开始脱胎换骨，接下来的岁月将证明法国队球迷的等待都是值得的。

◆ 小试牛刀

1982年西班牙世界杯，伊达尔戈执教的法国队并未从一开始就展现出强势。

预选赛阶段，法国队和比利时队、爱尔兰队、荷兰队、塞浦路斯队分在了同一个小组。初期一切还算顺利，法国队以客场7∶0大胜塞浦路斯队的结果开始了预选赛的征程，尤其是在荷兰队和比利时队都在初期出现失误的情况下，法国队的前途似乎非常光明。然而法国队在2∶0战胜爱尔兰队之后，在客场面对荷兰队、比利时队和爱尔兰队都吃到了败仗，这使得法国队的小组出线形势立刻变得危险了起来。

尤其是输给爱尔兰队的比赛，完全是一场可以避免的失利，门将让·卡斯塔内达的两次重大失误导致法国队丢掉了两球，从而以2∶3的比分输掉了比赛。

这一场比赛结束之后，法国队以6分位列小组倒数第二，只剩最后两场比赛来挽救自己的命运。法国队需要面对荷兰队和塞浦路斯

法国队

队取得全胜，如果任何一场打平或输球，法国队就会被淘汰。

1981年11月18日，法国队在王子公园球场等到了荷兰队。

在沉重的压力之下，法国队球员难免踢得畏首畏尾，在这个关键时候，普拉蒂尼站了出来，帮助法国队取得了一场极为关键的胜利。

这场比赛取胜之后，法国队的心理压力大大缓解。最后一场比赛的对手塞浦路斯队，实力比较有限，只要法国队正常发挥，取胜不是难题。最重要的是要在追平爱尔兰队积分的同时，争取多进几球，从而以净胜球的优势获得小组第二名。

最终，法国队在主场4：0战胜塞浦路斯队。法国队与爱尔兰队同积10分，但以12个净胜球力压对手，以小组第二名的身份惊险晋级1982年世界杯正赛。

来到世界杯的舞台，法国队的亮相依然让其球迷有所担心。

小组赛阶段，法国队和英格兰队、捷克斯洛伐克队、科威特队分到了一起。小组赛首战，英格兰队展现了其比法国队更为丰富的比赛经验，开场仅仅27秒，布莱恩·罗布森便打进一球，虽然法国队凭借杰拉德·索勒进球扳平比分，但英格兰队在下半场连入两球，以3：1的比分击败了法国队。

第二轮比赛，法国队4：1战胜科威特队，结果令人信服，而且法国队本该在比赛中收获更多的进球。事实证明，这场比赛的胜利十分关键。

第三轮比赛，法国队与捷克斯洛伐克队狭路相逢，法国队只需战平即可出线，但捷克斯洛伐克队则需要一场胜利。最终两队以1∶1的比分战平，法国队又一次以第二名的身份小组出线。

这也是法国队自1958年后第一次闯过世界杯小组赛，而在1958年世界杯，法国队获得了季军的好成绩，冥冥之中也注定法国队将在这一届世界杯中不同以往。

1982年世界杯，国际足联再次创造了一个奇怪的赛制。

因为扩军至24支球队，所以在常规的小组赛结束之后，有12支球队出线，无法两两捉对厮杀，直至最后的决赛。

所以国际足联决定在常规的小组赛结束之后，将晋级的12支球队再分为4个小组，每个小组内进行角逐，小组第一晋级四强。

然而3支球队组成小组的赛制有很大的弊端，不仅是因为每一轮都有球队轮空，还因为很容易出现最后一场由两支已经确定被淘汰的球队进行比赛。为了避免这种情况发生，从而让最后一场比赛变得具有更大的决定性，所以规则规定首场比赛的失败者将继续参加第二场比赛，对阵尚未参加比赛的球队。

在这种赛制下，法国队和奥地利队、北爱尔兰队分进同一个

法国队

小组。

第一场比赛，凭借伯纳德·根希尼的进球，法国队1∶0小胜奥地利队，失利的后者在第二场比赛则与北爱尔兰队打成2∶2。这意味着奥地利队的比赛已经全部结束，只拿到了1分。

最后一场比赛由拿到2分的法国队和拿到1分的北爱尔兰队进行较量，法国队只要不输给对手，就将顺利进入淘汰赛阶段。

凭借阿兰·吉雷瑟和罗歇托的梅开二度，法国队以4∶1的比分战胜对手，历史上第二次闯进世界杯四强。也是在这场比赛中，法国队主帅伊达尔戈首次在中场排出了让·蒂加纳、根希尼、吉雷瑟和普拉蒂尼的组合，"黄金中场"由此诞生。

法国队在半决赛的对手，是实力强大的联邦德国队，这场在塞维利亚的拉蒙·皮兹胡安球场举行的比赛成为世界杯历史上让人难忘的经典，人称"塞维利亚史诗"。

比赛过程已经非常具有戏剧性。

开场第17分钟，皮埃尔·利特巴尔斯基为联邦德国队首开纪录，9分钟后普拉蒂尼用点球扳平比分，在此后的漫长时间内，双方均无建树，比赛进入加时赛。第92分钟和第98分钟，马里乌斯·特雷索尔和吉雷瑟各入一球，让法国队取得了3∶1的领先优势。对于绝大多数球队来说，这无异于已经拿到了比赛的胜利，然而不要忘记，法国队的对手是以顽强著称的联邦德国队。

这一比分反倒让联邦德国队彻底放开手脚，第102分钟卡尔·海茵茨·鲁梅尼格扳回一球，6分钟后克劳斯·菲舍尔将比分改写为3∶3，联邦德国队成功地将法国队拖入了令人窒息的点球大战。

点球大战前五轮，两队各有一人罚丢，普拉蒂尼在第五轮出场，稳稳命中。但在第六轮，法国队的马克西姆·博西斯罚丢点球，法国队最终被淘汰出局。

真正使这场比赛性质发生改变的事件，发生在比赛的下半场。

下半场刚开始不久，法国队换上后卫帕特里克·巴蒂斯通，随后他接到普拉蒂尼的妙传，获得了一次单刀机会，巴蒂斯通抢在联邦德国队门将哈拉尔德·舒马赫有所动作之前将球捅向球门，球擦着门柱出了界。扑救过程中，舒马赫并没有碰到球，但也没有收回自己的动作，他跳起并将双手举在空中，他的髋骨重重地击中了巴蒂斯通，后者直接被撞倒了。

巴蒂斯通瞬间昏迷不醒，法国队队医和看台上的很多球迷一度认为巴蒂斯通已经死了，几分钟后，吸入氧气的巴蒂斯通才苏醒过来，被担架抬到了场外。

经过检查发现，巴蒂斯通被撞断3颗牙齿，颈椎受伤，就连肋骨都被撞断了。而对于这次极其恶劣的冲撞，主裁判竟然没有吹罚犯规，反倒给了联邦德国队的球门球。

由于巴蒂斯通本身就是替补登场，他的受伤意味着法国队损失了一个换人名额，这也在一定程度上导致了法国队最终在加时赛末段体能衰竭，从而被联邦德国队扳平比分。

虽然输掉了比赛，但如此激烈的过程让法国队球迷对法国队有了极大的同情，也看到了教练和球员的努力。

普拉蒂尼本人也在此后接受采访时表示，这场比赛是他职业生涯中最难忘的记忆。

由于对比赛的判罚不满，且联邦德国队门将舒马赫在赛后也没有道歉，法国队球迷愤怒不已，他们对舒马赫冠以了"党卫军"的称号，并且由此对德国人的宿怨重新燃起，迫使两国的国家元首出面干预，以平息两国民众之间的对立情绪。

在这样一场半决赛过后，法国队具体将获得第几名，已经不再是法国队球迷所关心的事情了。

季军赛，法国队2∶3不敌波兰队，最终以第四名的成绩结束了这一届世界杯。

在1982年世界杯当中，普拉蒂尼的表现非常精彩，法国队教练伊达尔戈排出的"黄金中场"组合，也在最高强度的比赛中展现出了威力，这一组合还将在未来几年为法国队立下更多的功劳。

当然了，其中最耀眼的人依然是普拉蒂尼。

◆ 欧洲之巅

在1982年世界杯上打进四强之后，法国队一扫此前20年的阴霾，立刻成为欧洲大陆上没有人再敢小觑的强队，所以在1984年欧洲杯，"高卢雄鸡"非常自然地被视为夺冠热门球队。

最重要的是，这是一届将在法国本土举行的欧洲杯。

东道主的身份，让法国队不用参加预选赛，直接进入了正赛。

从1980年欧洲杯开始，赛制发生了一些重大改变，参加正赛的球队增加至8支，而且8支球队也不再以淘汰赛的形式直接较量，而是先分为两个小组，每个小组的第一名参加决赛，第二名则参加季军赛。

这一赛制在1984年进行了细微调整，每个小组的前两名晋级淘汰赛，从而恢复了半决赛赛制，但欧足联不希望增加比赛数量，所以取消了季军赛。

1984年欧洲杯小组赛，法国队和丹麦队、比利时队、南斯拉夫队分在了同一个小组。

法国队

1984年6月12日，法国队在王子公园球场迎战丹麦队。揭幕战从来都不好踢，法国队也证明了这一点，最终依靠普拉蒂尼在第78分钟的进球，法国队才收获了1∶0的小胜。

严格来说，这场1∶0的小胜是法国队在本届欧洲杯上不正常的表现，因为随后的第二场比赛，法国队5∶0横扫比利时队，普拉蒂尼上演了帽子戏法。

两连胜的法国队已经锁定了出线名额，于是在对阵南斯拉夫队的第三场比赛，"高卢雄鸡"稍有松懈，未能零封对手。但法国队还是依靠着普拉蒂尼的连场帽子戏法，以3∶2取得比赛的胜利。

小组出线之后，法国队在半决赛与葡萄牙队相遇。

这场半决赛同样因为跌宕起伏的剧情而非常经典。葡萄牙队在90分钟内1∶1逼平法国队，让-弗朗索瓦·多梅尔格帮助法国队先开纪录，而葡萄牙队球员鲁伊·若尔当的进球则将比赛拖入了加时赛。

加时赛第8分钟，若尔当梅开二度，葡萄牙队反超了比分。法国队当然不想在主场止步四强，多梅尔格同样梅开二度扳平比分，随后普拉蒂尼接蒂加纳助攻打入绝杀球。

普拉蒂尼的绝杀球，是这位法国队组织核心在本届欧洲杯打入的第8球，而他的进球好运依然没有结束的迹象。对于第一次闯进国际大赛决赛的法国队来说，其迎来了书写辉煌历史的黄金机会。

决赛被安排在巴黎的王子公园球场举行，70多年里，法国队在这里赢过强大的对手，也输掉过关键的比赛。时至今日，它迎来了重新修建之后最重要的一场比赛。

黄金机会摆在面前，法国人民自然无比期待，这难免让法国队背上了包袱。决赛面对西班牙队，法国队在上半场的表现并不尽如人意，但球队中的天才球员还是在下半场为法国队取得了比分上的领先。

普拉蒂尼在第57分钟的直接任意球攻门让西班牙队门将毫无办法，这是普拉蒂尼在5场比赛中打进的第9球，这9球包括2个头球、2个任意球、1个点球，还有4个运动战进球。

下半场补时阶段，布鲁诺·贝隆打入一球帮助法国队以2：0取胜，这是法国队首次在国际大赛中夺得冠军。

整届欧洲杯，法国队的表现非常稳健，这当然仰仗于本届赛事的最佳射手普拉蒂尼，但其他人的功劳也不能忽视。

法国队主帅伊达尔戈在带队多年之后，终于通过菱形中场找到了法国队在攻守两端的平衡。和1982年世界杯相比，法国队的中场位置加入了路易斯·费尔南德斯，这名球员很好地帮助法国队加强了防守，从而使得双前锋身后的普拉蒂尼可以将更多的体能和智慧都用在进攻上，这是法国队夺得1984年欧洲杯冠军的一大基础。

伊达尔戈没有像普拉蒂尼所效力的尤文图斯队那样围绕普拉蒂尼来建队，而是说服球队核心融入球队的战术里面。在整届欧洲杯中，普拉蒂尼先后踢过中锋、前腰等数个不同的位置。

核心球员尚且如此，其他角色球员就会因此更加服从主教练的调配，这也是冠军球队所具备的一大特质。

◆ 英雄落幕

这座欧洲杯的冠军奖杯，让法国足坛十分振奋，在奋斗了70余年过后，法国队终于证明了自己的实力。

赛前，法国队就被视为夺冠热门，而最终的结果也证明了这一点，法国队从此真正成为欧洲大陆足坛一股不可忽视的力量。不过在1984年欧洲杯结束之后，功勋教练伊达尔戈选择离任，他将接力棒交给了亨利·米歇尔，后者在担任法国国奥队主帅时，帮助球队赢得了1984年奥运会足球项目的金牌，而米歇尔接手这支冠军球队之后，第一项任务就是1985年的南美洲-欧洲冠军杯（简称"欧美杯"）。

这项赛事创立于1985年,以单场比赛的形式进行,当时被称为"洲际国家杯"或"阿特米奥·弗兰基杯",后者是为了向因交通事故去世的欧足联前主席阿特米奥·弗兰基致敬。该比赛由南美足联和欧足联联合举办,相当于洲际俱乐部杯的国家队版本,由欧洲杯冠军和美洲杯冠军进行较量。

首届欧美杯于1985年举行,参赛者为1984年欧洲杯冠军法国队和1983年美洲杯冠军乌拉圭队。

两支球队于1985年8月在王子公园球场进行比赛,法国队以2∶0的比分赢得了这个带有一定友谊赛性质的杯赛冠军。

不可否认的是,法国队的强队地位因此得到了进一步的加强,尤其是在法国国内,在法国队拿下了这两座冠军奖杯之后,大家都开始期待这支近乎完美的球队在世界杯上的表现。

1986年墨西哥世界杯,法国队踌躇满志。

预选赛期间,法国队和保加利亚队、民主德国队、南斯拉夫队、卢森堡队一众老对手被分在了一个小组。和当年与这些对手比赛时吃尽苦头的模样不同,现在的法国队已经不可同日而语。

前三场比赛,法国队在与卢森堡队、保加利亚队和民主德国队的比赛中拿到三连胜,奠定了自己在这个小组的领先位置。不过随后法国队在客场0∶0战平南斯拉夫队,又以0∶2的比分相继不敌保

法国队

加利亚队和民主德国队，这让法国队的前景变得不明朗起来。

不过在最后的两场比赛中，法国队先后战胜了卢森堡队和南斯拉夫队，有惊无险地以小组第一名的身份晋级世界杯正赛。

世界杯小组赛，法国队与加拿大队、苏联队和匈牙利队同处一个小组。

作为新科欧洲杯冠军，法国队当然是夺冠热门球队之一，然而由于普拉蒂尼和吉雷瑟两位组织核心均有伤在身，不在最佳状态，所以由米歇尔带领的法国队在小组赛开局慢热，艰难地寻找着获胜的感觉。

小组赛首战，米歇尔采用"442"阵形，四中场由费尔南德斯、蒂加纳、吉雷瑟和普拉蒂尼组成。法国队凭借让-皮埃尔·帕潘在比赛第78分钟的进球以1∶0获胜。

第二场比赛法国队战平苏联队，更是说明了"高卢雄鸡"的状态依然没有达到最佳，另外，米歇尔的战术也略显保守，抑制了法国队的进攻势头。在上半场互交白卷之后，苏联队球员瓦西里·拉茨在比赛第53分钟的进球帮助自己的球队1∶0领先，8分钟后，法国队便通过费尔南德斯的进球将比分扳平，1∶1的比分也一直保持到了比赛结束。

虽然前两场比赛法国队的表现一般，但1胜1平的战绩已经让法国队占据了小组出线的先机，也让球员得以放松。第三场比赛迎战匈牙利队，法国队终于让自己的球迷看到了球队昔日的影子，法国队以3∶0的比分完胜对手，从而以小组第一的身份晋级淘汰赛。

球队的表现略显飘忽，但更让法国队球迷担忧的是普拉蒂尼的伤情，在世界杯开幕前他就饱受耻骨疼痛的影响，无法发挥出自己的最佳水平。

然而进入淘汰赛之后，普拉蒂尼忘却了自己的伤情。

1/8决赛对阵上届冠军意大利队，普拉蒂尼在开场第14分钟就首开纪录，让法国队看到了晋级的希望，雅尼克·斯托皮拉在第57分钟的进球让法国队的领先优势继续扩大，2∶0的比分也变成了这场比赛的最终比分。

1/4决赛，法国队和巴西队狭路相逢。多年以来，法国队就经常被称为"欧洲的巴西队"，所以这场比赛在尚未开打之前就吸引了大量球迷的关注，大家都相信这两支球队将合力踢出一场美丽的足球比赛。

结果没有让大家失望，比赛开始之后，两支球队就通过各自的特点尝试着向对手进攻。占据主导地位的巴西队很快就通过卡雷卡首开纪录，随后普拉蒂尼将两队的比分扳平。普拉蒂尼在自己生日当天收获的进球，也成为他职业生涯中为法国队打入的最有意义的

法国队

一球。

如果说这场比赛有什么不足之处，那么就是进球不多，1∶1的比分一直保持到了常规时间结束。加时赛的内容依然精彩，两队各自创造了绝佳的得分机会，但并没有转化为进球，两队最后被迫以点球大战这种残酷的形式来分出胜负。

最终，法国队在点球大战击败对手，再一次晋级世界杯四强。

半决赛，法国队遇到了四年前给其带来无尽痛苦的联邦德国队。

这场比赛在赛前的气氛就被烘托到了一个不同于往日的程度，尤其是法国队球迷，特别希望球队能够一报四年前的塞维利亚之仇。然而在普拉蒂尼等队内大将都不在最佳状态的情况下，这一切并没有想象中那么容易。

法国队的精力仿佛在对阵巴西队之后被消耗殆尽，到了半决赛，球员集体缺乏想象力。这使得法国队失去了自身最大的优势，自然就落入联邦德国队严密运行的包围圈中。

联邦德国队凭借安德烈亚斯·布雷默和鲁迪·沃勒尔的进球，以2∶0的比分相对轻松地拿下了法国队，后者再次遗憾地倒在了决赛之前。

季军赛，法国队4∶2战胜比利时队，凭借1958年之后的又一个世界杯季军安慰了自己，也让几位超过30岁的核心球员为自己的国家队生涯画上了一个略带遗憾，但也相对圆满的句号。

和方丹相比，普拉蒂尼就幸运很多了。

在普拉蒂尼崭露头角之前，上天让法国队经历了无数的痛苦，所以他一登场便成为法国球迷的希望；在他日臻成熟之际，法国队有了不少优秀的球员，也有了合适的战术基础，这让他的天赋不会被浪费。

最重要的是，当时的国际足坛第一人是迭戈·马拉多纳，作为阿根廷人，他参加不了欧洲杯。

论及纯粹的能力，普拉蒂尼的天赋不在马拉多纳之下，但他没有马拉多纳那么强壮的身体。普拉蒂尼征战三届世界杯时都是带伤作战，唯有让他成名的欧洲杯，他保持了100%的健康。

普拉蒂尼曾经说过，一位球员整个职业生涯的成功可能就维系在一场比赛的胜利上，前提是要在正确的时间、正确的场合被正确的摄像机捕捉到自己的"高光"时刻。

很显然，1984年的欧洲杯，就是普拉蒂尼扬名立万的舞台。他在1984年欧洲杯上演神奇的表演，不仅帮助法国队夺得欧洲杯冠军更让自己在世界足坛的历史上留下了浓墨重彩的一笔。直到现在，回首欧洲杯的整个历史，也没有任何一名球员可以像1984年欧洲杯的普拉蒂尼一样，可以主宰一届欧洲杯。

在某种意义上，对于法国队来说，普拉蒂尼的"高光"时刻是有些短暂的，尤其是在世界杯的舞台上，是存在缺憾的。但是不管怎么样，法国队在普拉蒂尼的率领下，迎来了属于法国队的第一个巅峰时刻。

随着以普拉蒂尼为代表的"黄金一代"球员落幕，法国队也将开启新的征程。当一个时代过去，任何一支球队都将陷入一个低谷，法国队或许也应该是如此。但是，法国队的低谷是短暂的，因为在十几年后，法国队就迎来了属于球队更加辉煌的时刻。

第六章

巅峰来临前

雅凯在预选赛阶段逐渐建成了一支在身体条件、体能上都不会落入下风的法国队，这势必导致球队在进攻端缺乏想象力。反映在比赛结果上，便是法国队需要费一些周折才能击败对手，但法国队同样很难被对手击败。

——引语

法国队

◆ 阵痛时期

1986年世界杯结束之后，罗歇托、博西斯和吉雷瑟三位超过30岁的核心球员均宣布从法国队退役。

这一变动让法国队的实力大受损失，球队不可避免地遇到了青黄不接的问题，新生代球员在经验匮乏的情况下承受了很大的压力。这个问题在普拉蒂尼和蒂加纳等人以老带新的努力帮助下，也没有带来好转。

毕竟，普拉蒂尼也老了。

1988年欧洲杯，作为上届冠军的法国队在预选赛阶段即遭淘汰。

这支被迫开始年轻化的法国队与苏联队、民主德国队、冰岛队和挪威队分到了同一个小组，一上来就吃到了经验和能力不足的亏。第一场比赛，法国队就在客场0∶0被冰岛队逼平，此后又0∶2输给苏联队、0∶0战平民主德国队，直至1987年4月29日，才用2∶0的比分战胜冰岛队，拿到了这届欧洲杯预选赛的第一场胜利。

就在这场胜利的10多天后，脚踝严重受伤的普拉蒂尼宣布退役，结束了自己作为足球运动员的职业生涯，但他与法国队的联系并没有一同结束。

从某种角度来说，普拉蒂尼的退役也在一定程度上影响了法国队的表现，毕竟作为精神领袖，普拉蒂尼对于当时的法国队来说依然重要。

自此之后，法国队在这届欧洲杯预选赛中再无取胜，与苏联队、挪威队和民主德国队的比赛非平即负。最终法国队仅仅排名小组第三，无缘1988年欧洲杯正赛。

糟糕的成绩也让米歇尔失去了法国队主教练的位置，而在1988年11月接任这一位置的，正是普拉蒂尼。

和球员时期不同，普拉蒂尼刚刚从球员转型成教练，他自己也需要时间进行锻炼。只不过相较于其他人，法国队的球迷会给予普拉蒂尼更多的耐心。

锻炼的代价就是法国队无缘1990年意大利世界杯。

预选赛中，法国队与南斯拉夫队、苏格兰队、挪威队和塞浦路斯队分在同一个小组。普拉蒂尼的上任并未给法国队带来立竿见影的效果，预选赛结束之后，法国队因排名低于南斯拉夫队和苏格兰队而没能从小组中出线。

不过，只比苏格兰队少一分的结果也让普拉蒂尼在教练位置上收获了必要的信心和经验，这将在之后的岁月中让法国队适当受益。

1992年欧洲杯预选赛，法国队整装上阵，一开始就展现出了良好的状态。

法国队与捷克斯洛伐克队、西班牙队、冰岛队和阿尔巴尼亚队同处一组，法国队以全胜的姿态出线，打进20球的同时仅丢6球，帕潘和埃里克·坎通纳成为法国队在攻城拔寨时重要的依靠。

这不仅是法国队历史上第一次在欧洲杯预选赛赢下全部比赛，也让法国队成为欧洲杯历史上第一支完成这一壮举的球队。

这一成绩不仅让法国队球迷欢欣鼓舞，他们仿佛看到了球队回到辉煌时代的前兆，也让普拉蒂尼信心十足。虽然球队的实力不如他踢球的时候，但成绩说明了法国队依然有能力踢出漂亮且高效的足球比赛。

然而，欧洲杯正赛是截然不同的。

小组赛中，法国队与瑞典队、丹麦队和英格兰队分到同一个小组。第一轮比赛，普拉蒂尼的球队就未能延续在预选赛的强势。凭借帕潘的进球，法国队在0：1落后的情况下艰难战平瑞典队，用一场平局开始了自己在欧洲杯正赛的征程。

第二轮，法国队和英格兰队互交白卷，再次未能取得胜利。两

场平局的结果，迫使法国队必须在第三轮取得胜利，才能最大程度
保证自己从小组中出线。

然而在第三轮，法国队1：2不敌丹麦队，帕潘的进球一度扳
平了比分，但拉尔斯·埃尔斯特鲁普的进球抹杀了法国队的全部努
力。最终法国队仅排名第三，未能获得晋级淘汰赛的名额，这也让
普拉蒂尼失去了执教的意愿。

**欧洲杯之旅结束后，普拉蒂尼宣布辞去法国队主帅一职，此后
的他再也没有执教任何一支球队，反而开始在管理者的道路上寻求
进步。**

很显然，他对于教练这一职位兴趣寥寥。

普拉蒂尼离任之后，吉拉德·霍利尔开始执教，法国队的表现
并没有因此出现本质上的改变，这足以说明当时法国队的问题并不
在球员个人的身上。

1994年世界杯预选赛，法国队一上来就以失利开局，0：2不敌
保加利亚队已经预示了最后的结果。在此后的比赛中，法国队有胜
有负，可以战胜瑞典队，也可以输给以色列队。法国队屡屡在比赛
末段丢球，充分显示了球队在当时的脆弱程度，这使得法国队最后
排名小组第三，延续着自己无缘世界杯的糟糕状态。

一切似乎都只能等待下一个领军人物的横空出世。

法国队

不过在这段时间，法国足坛仍有一些亮点，只不过发生在赛场外。

1988年6月11日，耗资1.04亿法郎建设的费尔南德·萨斯特雷国家足球技术中心顺利落成，它更为外界所熟知的名字源自它所在的位置——克莱枫丹。

1976年，时任法国足协主席费尔南德·萨斯特雷倡议创建国家足球技术中心，所以竣工之后，法国足协决定用他的名字来命名这座用于在国际比赛前接待法国队的技术中心。在位于维希的国家足球学院搬迁至此后，这里也被用于训练优秀的法国年轻球员。

日后，这里将涌现大量的球星，从而充分证明建设技术中心这一决策的正确性，但在当时，一切还言之尚早。

◆ 风格转变

1994年世界杯预选赛的惨痛失利，让法国足协再次做出了换帅的决定，但其并没有找到合适的继任者。于是在霍利尔离任后，他的助理教练艾梅·雅凯以临时主教练的身份代行主帅职责。

在雅凯看来，法国队在1994年世界杯预选赛上的失利源自防守

114

端的脆弱，于是哪怕仅有临时主教练的身份，他也开始了大刀阔斧的改革。

在一段时间内法国队确实改变了精神面貌，至少球队开始重新赢下该赢下的比赛。在一系列的友谊赛胜利过后，尤其是在客场击败意大利队之后，雅凯获得了法国足协的信任，由临时主教练的身份顺利转正，获得了更长时间的执教资格。

1996年欧洲杯，因为地缘政治的变化，参加欧洲杯的球队数量大大增加，正赛扩大到了16支球队的规模，从客观角度来说，从预选赛晋级的难度因此变小了。

所以在预选赛，法国队的对手变为了罗马尼亚队、斯洛伐克队、波兰队、以色列队和阿塞拜疆队。

在这些对手面前，法国队拥有实力上的优势，另外，两个晋级名额也让球队有了更多的容错空间。所以哪怕法国队最终没能获得小组第一，也有晋级正赛的机会。

然而从那个时候开始，围绕雅凯的批评声逐渐出现。

在艰苦的预选赛中，雅凯的法国队取得了一些0∶0的平局结果，而且他还逐渐放弃了一些知名球星，比如帕潘、坎通纳、大卫·吉诺拉等在前几年帮助法国队取得比赛胜利的球员，取而代之的是迪迪埃·德尚和洛朗·布兰科这些符合雅凯"审美"的强悍

法国队

球员。

雅凯在预选赛阶段逐渐建成了一支在身体条件、体能上都不会落入下风的法国队，这势必导致球队在进攻端缺乏想象力。反映在比赛结果上，便是法国队需要费一些周折才能击败对手，但法国队同样很难被对手击败。

雅凯认为，建立起高质量的防守体系是取得比赛胜利的重要基础，有了这一基础，漂亮的进攻场面才会随之出现。但对于大量从普拉蒂尼时代成长起来的法国队球迷来说，法国队显然变成了一支他们欣赏不来的球队，尤其在进攻端，那些带有法国队特点的、如诗如画般的进攻越来越难以出现。

这种看法一直延续到了欧洲杯正赛。

从某种角度来说，批评者的声音并非错误，因为法国队在1996年欧洲杯上的表现确实相当保守。

小组赛，法国队和西班牙队、保加利亚队、罗马尼亚队分到了同一个小组。法国队的第一场比赛便是一场典型的1∶0小胜，除了克里斯托弗·杜加里在第25分钟的进球之外，法国队的进攻难有亮点。当然，法国队的防守的确无懈可击。

第二场比赛情况相似，率先进球的法国队将1∶0的比分保持到了比赛末段，只不过这次"高卢雄鸡"未能阻挡西班牙队的进球，只收获了平局的结果。

　　小组赛第三场，法国队才在进球数上让球迷稍感满意，用3∶1的比分拿下了保加利亚队，从而晋级淘汰赛。

　　1/4决赛，法国队与荷兰队狭路相逢。

　　雅凯的执教风格在这个阶段体现得淋漓尽致，他的球队让荷兰队完全找不到进攻的方法，而法国队自己也无法一击制胜。于是两支球队在整整120分钟内都未能斩获进球，只好用点球大战的方式分出胜负，荷兰队罚丢了其中一个，五罚皆中的法国队艰难晋级。

　　类似的剧情，在半决赛再度上演。法国队用无懈可击的防守让捷克队垂头丧气，但其自身的进攻也没能好转。法国队再次将对手拖入点球大战，只不过这次获胜的是捷克队。

　　所以，如何评价雅凯的法国队，成为当时最大的话题。

◆ "齐祖"出世

　　不少人认为雅凯让法国队失去了昔日的美感，普拉蒂尼时代所获得的"欧洲的巴西队"的赞誉更是成为泡影。

　　然而，1996年欧洲杯四强的战绩是实打实的结果，即便是对雅凯最严厉的批评者，也不愿让法国队回到连续错失1990年和1994年世界杯的时期。所以法国足协选择支持雅凯，这让他获得了带领法国队征战1998年世界杯的机会。

要知道，这是一届在法国本土举办的世界杯。

实际上，雅凯也并非防守的绝对爱好者。法国队在1996年欧洲杯上的进攻低迷，很大程度上是因为雅凯所选择的进攻核心球员普遍状态不佳，其中一人就是齐达内——上天赠予法国队的又一位天才球员。

1972年6月23日，齐达内出生在马赛，他的父母都是阿尔及利亚人。作为乌拉圭球员恩佐·弗朗西斯科利的崇拜者，齐达内从小喜爱足球。1985年，齐达内加入了圣亨瑞足球俱乐部少年足球队，开始接受系统的足球训练。

齐达内的出色天赋，让他在不满17岁时就完成了职业生涯首秀。1996年，齐达内加盟了意大利的尤文图斯队，而在那之前，雅凯就发现了他的能力。

1994年8月17日，法国队在友谊赛中对阵捷克队。在法国队0：2落后时，雅凯在比赛第63分钟换上了齐达内，他完成了法国队首秀。齐达内在比赛末段的两分钟内连进两球，帮助法国队以2：2战平捷克队的同时也确立了自己在法国队和雅凯心中的地位。

　　然而在1996年欧洲杯开幕的前几天，齐达内发生了车祸，虽然没有受伤，但这不可避免地影响了齐达内的状态。

　　不要忘了，这位年仅24岁的球员是第一次参加国际大赛。

　　所以对雅凯的批评，实际上也是对齐达内等人的批评。

　　随着齐达内在尤文图斯队参加更多的比赛，他的经验愈发丰富，法国队也随之受益，受益程度甚至超出了法国队球迷的想象。

　　由于法国是1998年世界杯的东道主，因此法国队并不需要参加预选赛。不过在世界杯开始前的一系列热身赛中，法国队的表现依然遭到了媒体和球迷的"炮轰"，雅凯因此被法国媒体描述为"来自旧石器时代的教练"。

　　1998年5月，因为雅凯没有按照惯例公布法国队参加世界杯的22人大名单，而是公布了一份包括28名球员的预选名单，这使得外界对他的质疑达到顶峰。媒体普遍认为雅凯不是主帅的合适人选，只是一个"不愿意得罪人的好人"。

　　此时距离1998年世界杯开幕，时间已经所剩无几。媒体和球迷都清楚，无论怎样去质疑雅凯，也不可能更换主教练，时间根本来不及。

　　雅凯真的就不是一个好教练吗？其实没有标准的答案。他所执教的法国队虽然没有让球迷和媒体全部满意，但还是有了自己的风格以及体系。就像媒体所说，雅凯不愿意得罪球员，这也是一件好事。

同时，这也让这支法国队团结一心，球员众志成城。一支团结的球队，往往能够在国际大赛中取得比较出色的成绩。如果这支球队此时有一个世界级的球星的话，那球队的前景会更加乐观。恰巧，此时的齐达内在法国队的核心地位已经开始显现出来，他有能力率领法国队在1998年世界杯上取得不错的成绩。

对于很多"80后"球迷来说，1998年世界杯是他们看球的起点。也正是这届世界杯，让全世界球迷第一次见到了齐达内的威力。

第七章

"齐祖"的时代

颁奖仪式上，时任法国总统雅克·希拉克将奖杯颁发给法国队队长德尚，这位雅凯的第一弟子在电影《星球大战》的配乐中纵情挥舞着奖杯，大家都已忘记外界对他们的批评。欢乐的人群涌入香榭丽舍大道，凯旋门也被投影上球员的面孔，欢呼声最大的时刻，便是在齐达内的面容出现在凯旋门上的瞬间。

——引语

法国队

◆ 盛夏法兰西

在本土举办的世界杯即将开幕，法国足协想要换帅已经不可能了。法国队只能在这种气氛下开始自己的本土世界杯之旅，甚至可以理解为，法国人都在期盼着法国队铩羽而归，从而对教练和球员进行一场审判。

小组赛，法国队与丹麦队、南非队和沙特阿拉伯队分在了同一个小组。雅凯的球队表现得相当稳健，小组赛全胜晋级，打入9球仅丢1球。

法国队唯一的损失，就是在第二场对阵沙特阿拉伯队的比赛中，齐达内因为踩踏对手被红牌罚下，从而因为禁赛缺席了法国队此后的两场比赛。不过，这对法国队的打击并不大。

1998年世界杯，参赛规模扩大到了32支球队，所以在小组赛结束之后，增加了一场1/8决赛，法国队立即遭遇强敌的可能性有所降低。

1/8决赛，法国队的对手是巴拉圭队，这使得法国队在没有齐达内的情况下也得以应对，然而核心球员的缺席也对球队有所影响。

在没有丢球的情况下，法国队很难打击到巴拉圭队的痛处，这让比赛进入了加时赛阶段。

直至比赛的第113分钟，法国队球员布兰科才攻破对方的球门，此球立刻将巴拉圭队淘汰。因为在本届世界杯中，国际足联采用了加时赛金球制的规则，先进球的球队将直接获得比赛胜利。

1/4决赛，法国队遭遇意大利队。齐达内此时回归，但对手实力的增加，比赛强度的提高，让法国队不得不开始保守起来。

两支都非常善于防守的球队在场上互相限制，虽然双方也创造了一些机会，但大家都倾向于让防守优先于进攻，于是在漫长的120分钟内，比赛没有进球。在点球大战中，双方都在第二轮罚丢点球，而在第五轮，意大利队再次罚丢，法国队艰难地晋级半决赛。

1998年世界杯，克罗地亚队成为黑马。

自克罗地亚独立之后，克罗地亚队第一次参加世界杯便打进了四强，这同样让其球迷无比自豪，也赢得了许多其他国家球迷的赞赏。

克罗地亚队在半决赛中的表现依然突出，成为当届世界杯第一支在淘汰赛常规时间内攻破法国队大门的球队。下半场比赛开始仅1分钟，阿廖沙·阿萨诺维奇为达沃·苏克送出一记漂亮的传球，后者的射门洞穿了法国队门将法比安·巴特斯把守的球门，让法国队

法国队

在本届世界杯中第一次感受到了比分落后的压力。

在这种情况下，雅凯必须证明自己的球队并非不擅长进攻。丢球之后，右边后卫利利安·图拉姆立刻开始猛烈向前进攻，为法国队在右边路增添了更多的助力。

这也是雅凯的法国队在进攻端的一贯套路，在最关键的时刻，这一变化起到了效果。在丢球后的第一次进攻，图拉姆便在禁区前沿与中路的尤里·德约卡夫完成了一次二过二配合，成功扳平了比分。

图拉姆在第69分钟再次出击。他尝试与亨利进行二过一的配合，但被几名克罗地亚队后卫阻挡，于是图拉姆改用左脚射门，结果踢出一脚漂亮的弧线球，让克罗地亚队门将德拉岑·拉迪奇猝不及防，法国队反超了比分。

比赛末段，布兰科吃到红牌，法国队被迫少打一人。雅凯立即决定用弗兰克·勒伯夫取代德约卡夫，以便重新维持自己的防守体系，这也让法国队顶住了对手最后时刻的猛攻。

凭借图拉姆的梅开二度，法国队历史上第一次闯入世界杯决赛，而这两球也是图拉姆在法国队的所有进球。

◆ 终登世界之巅

这样一场比赛结束之后，法国队获得了书写历史的全新机会，雅凯和他的球队终于打动了全部的法国球迷，所有人都在期盼着夺冠时刻的到来。

1998年7月12日晚上9点，世界杯决赛正式打响。在法国队中，雅凯用勒伯夫取代停赛的布兰科担任中卫。在其他位置上，雅凯沿用了他的传统布置，即德尚在中路，克里斯蒂安·卡伦布和埃马纽埃尔·佩蒂特位居德尚的两侧；齐达内负责在中场球员身前掌管比赛，德约卡夫的位置灵活，但最主要的是有支点作用的单前锋斯蒂凡·吉瓦什。

巴西队也排出了其既定安排，然而在比赛开打之前，巴西队的首发名单一度显示在进攻端突前的是埃德蒙多，而不是在这届世界杯中表现极为出色的罗纳尔多。比赛临近开始时，罗纳尔多的名字又出现在了巴西队的首发名单当中。

赛后传出消息，比赛当天早上，罗纳尔多奇怪地晕倒并失去了意识，被认为不适合担任首发。这是世界杯历史上的一个著名谜团，时至今日也有关于此事的各种说法。

法国队

但毫无疑问的是，罗纳尔多的身体出现问题，巴西队的实力因此大受影响。这反倒让法国队主力中卫缺席的问题得以被掩盖，比赛的天平在此时就已偏转。

开场之后，法国队就控制住了中场，并且为齐达内创造了一次射门机会。虽然此后巴西队凭借强大的球员个人能力打出进攻，但在第27分钟，佩蒂特送出助攻，齐达内头球破门。

上半场结束前，法国队通过角球进攻打进第二球。进球的还是齐达内，他在头球时身边无人盯防，从而轻松地将球顶进巴西队的球门。

两球领先后，法国队的优势已经非常明显，但世界杯决赛总是跌宕起伏的。

第68分钟，法国队后卫马塞尔·德塞利在球场右侧铲倒卡福，领到第二张黄牌，因此被罚出场。随后，雅凯便用防守型中场帕特里克·维埃拉取代德约卡夫，用佩蒂特代打中卫。

法国队少了一人，并且中卫位置的实力大受影响，因此巴西队看到了扳平比分的希望，后者的威胁进攻次数大大增多，但始终无法深入到法国队腹地。反倒是在伤停补时阶段，法国队再次利用角球进攻收获第三球，从而以3∶0的比分赢得比赛，拿下了球队历史上第一座世界杯冠军奖杯。

很多人都没有想到，法国队的又一次高潮会由雅凯、齐达内和其他球员带来。

颁奖仪式上，时任法国总统雅克·希拉克将奖杯颁发给法国队队长德尚，这位雅凯的第一弟子在电影《星球大战》的配乐中纵情挥舞着奖杯，大家都已忘记外界对他们的批评。欢乐的人群涌入香榭丽舍大道，凯旋门也被投影上球员的面孔，欢呼声最大的时刻，便是在齐达内的面容出现在凯旋门上的瞬间。

颁奖仪式结束之后，法国队球员乘坐双层巴士在香榭丽舍大道上游行，在近150万人的人群中享受着欢呼、掌声。第二天，他们与家人一起前往总统官邸——爱丽舍宫，受到希拉克的接见，雅凯和球员都被授予荣誉军团勋章。

然而雅凯在经过旷日持久的批评和荡气回肠的一届世界杯之后，身心俱疲，他选择不与法国足协续约，就此告别了这支冠军球队。

如果说上天总是偏爱法国队，从而赠予这支球队一个又一个天才球员来创造历史，那么雅凯的重要性则很容易被外界忽视。

足球运动很有趣，但会被历史记住的，只有胜利者。

踢一场激情四射的足球比赛会很快乐，但快乐很难持续，因为输球就会不快乐；成功可以延续下去，因为成功会带来更多的成功。雅凯懂得这个道理，但当时的法国人很难懂得这个道理。

拿到一个世界杯冠军，便让法国队脱胎换骨，而在20多年后的今天，雅凯在法国队主帅位置上留下的"遗产"，还在发挥着影响。

一个德尚，一个齐达内，都是财富。

◆ 统治欧罗巴

1998年，世界杯冠军法国队开启了球队的又一征程。

如同带着1984年欧洲杯冠军的光辉参加1986年世界杯一样，法国队理所应当地被视为2000年欧洲杯的夺冠热门球队，尤其是考虑到齐达内等人仍然处于他们最好的年纪。

不过，雅凯的助教罗杰·勒梅尔在2000年欧洲杯预选赛上的带队表现，就像雅凯刚接手法国队时一样磕磕绊绊。

法国队在预选赛中与乌克兰队、俄罗斯队、冰岛队、亚美尼亚队和安道尔队同在一个小组。第一场比赛，法国队就无奈地以1∶1的比分战平冰岛队，随后又在客场以3∶2险胜俄罗斯队。接下来的比赛，法国队2∶0小胜安道尔队、0∶0战平乌克兰队、2∶0战胜亚美尼亚队,这些成绩都无法让球迷对勒梅尔的球队感到满意。

更不用说法国队还在主场2:3不敌俄罗斯队。

最后4场比赛,法国队有3场都是1球小胜对手。

就是在以险胜和小胜为主旋律、穿插一些爆冷输球的曲调当中,法国队以无法让人放心的状态进入了2000年欧洲杯正赛。

然而,勒梅尔的球队值得一些耐心,因为相较于1998年世界杯,此时的法国队有了更多的选项。

由于亨利、尼古拉·阿内尔卡、罗贝尔·皮雷斯和西尔万·维尔托德等攻击手的涌现,再加之齐达内、德尚等人,此时的法国队与1998年世界杯时期相比,防守依然坚固,在进攻端则有了更多的可能性。所以在这种寻找平衡的过程中,球队势必会出现一些不稳定的状态。

法国队的不稳定状态延续到了欧洲杯赛场。小组赛,法国队先是以3:0完胜丹麦队,随后又以2:1赢下捷克队。第三场对阵荷兰队,法国队在半场领先的情况下,下半场被对手逆转,以2:3输掉了比赛,只得以小组第二名晋级淘汰赛。

1/4决赛,法国队与西班牙队狭路相逢。

和西班牙队此前在20世纪存在感不高的样子不同,新世纪的"斗牛士军团"(西班牙队昵称)已经有了劳尔·冈萨雷斯·布兰科这样的球星坐镇。

上半场比赛，法国队由齐达内和德约卡夫打进两球，盖兹卡·门迭塔为西班牙队扳回一城。下半场比赛双方均无建树，落后的西班牙队在比赛末段发起了强攻，最终在第89分钟获得了一个点球良机。

面对这一点球，劳尔却未能罚中，错失了将法国队拖入加时赛的机会。勒梅尔的球队逃过一劫，惊险地晋级半决赛。

法国队在半决赛的对手是葡萄牙队，后者同样拥有一位能力突出的球星——路易斯·菲戈。在他的带领下，葡萄牙队给法国队制造了很大的麻烦，葡萄牙队前锋努诺·戈麦斯在第19分钟就先进一球，亨利则在下半场将比分扳平。

值得注意的是，齐达内在这场比赛中的表现极为突出，展现了自己作为当世奇才的强悍能力。然而他没能帮助法国队在常规时间取得胜利，两队将比赛拖入了加时赛。

在加时赛下半场，法国队制造了葡萄牙队后卫阿贝尔·沙维尔的手球。比赛已经来到了第117分钟，齐达内只要罚进点球就可以凭借金球制规则，直接淘汰葡萄牙队。齐达内顶着巨大的压力，稳稳命中点球。

再次闯进大赛决赛，法国队有望在两年内包揽世界杯和欧洲杯冠军，但历史底蕴更为丰富的意大利队，注定不会让这轻易发生。

两支球队在1998年世界杯中的较量就非常胶着，这一次也一样，意大利队用密不透风的防守让法国队绞尽脑汁也无法得分，上半场两队只能以0：0收场。下半场开局不久，意大利队突然发力，马科·德尔维奇奥帮助球队率先进球，而且在几分钟内，意大利队险些就将领先优势扩大到两球。

冷静下来的法国队就此开始准备反击，这个时候球队更多的进攻手就派上了用场，但取得进球依旧非常困难。在补时阶段，特雷泽盖助攻维尔托德，后者打入绝平球，为法国队争取到了额外的30分钟时间。

在加时赛中，金球制的规则让大家都变得小心翼翼，不敢贸然进攻。第103分钟，法国队球员皮雷斯从左路送上传中，特雷泽盖用左脚抽射打穿了意大利队门将弗朗西斯科·托尔多把守的球门。法国队再一次利用金球制击败对手，这次换来了欧洲杯冠军的称号。

继联邦德国队之后，法国队也成为在两年内包揽世界杯冠军和欧洲杯冠军的球队。世纪之交的"高卢雄鸡"，的确走到了前辈从未达到的高度。

◆ 时代即将落幕

能够阻挡现在法国队的，只有这支球队自己。

2001年，法国队以世界杯冠军和欧洲杯冠军的身份，第一次参加国际足联联合会杯（简称"联合会杯"），而第一次参赛的"高卢雄鸡"就取得了冠军。

作为1998年世界杯冠军，法国队直接获得了参加2002年韩日世界杯正赛的资格。然而在小组赛第一场，法国队就爆出冷门，0：1不敌塞内加尔队。第二场比赛，法国队仍没有振作起来，0：0战平乌拉圭队。

这一切，都是因为齐达内因伤缺席。

于是在小组赛第三场，齐达内火线复出，但法国队并未因此绝地反弹。在丹麦队球员丹尼斯·罗梅达尔容·达尔·托马森的进球过后，法国队0：2不敌丹麦队，以让人惊讶的小组出局方式结束了自己的2002年世界杯之旅。

这样的表现过后，勒梅尔自然难以保住自己的工作，取而代之的是雅克·桑蒂尼。

刚开始，球队的一切似乎都回到了正轨。法国队以预选赛全胜的战绩轻松晋级2004年欧洲杯，并且在2003年联合会杯中夺冠。

带着这样的成绩，桑蒂尼的法国队开始征战2004年欧洲杯。虽然这支法国队在小组赛中以2：1的比分逆转战胜了英格兰队，并以不败的战绩小组出线，但在1/4决赛面对希腊队时，法国队全场表现低迷，以0：1的比分输给了对手。法国队的防守水平，甚至是比赛水平都受到了各界的批评。

2004年8月12日，齐达内宣布退出法国队。

在这之后，不只是齐达内，图拉姆、比森特·利扎拉祖等人都宣布退役或退出国家队，法国队被迫起用大量新人。埃里克·阿比达尔、希德尼·戈武、弗洛伦特·马卢达、弗兰克·里贝里等人加入了球队，但他们在国际大赛中明显缺乏经验，法国队因此实力大减。

2006年世界杯预选赛，法国队与瑞士队、以色列队、爱尔兰队、塞浦路斯队和法罗群岛队分在同一个小组。赛前，外界普遍认为法国队将轻而易举地从小组中出线，然而在新任主教练雷蒙德·多梅内克的带领下，法国队在前6场比赛中取得4场平局，其中3场0：0。

在这种情况下，多梅内克找到了齐达内等老将，苦劝大家重返法国队，于是在2005年8月，齐达内等一众老将宣布重返法国队。

法国队

随着这些经验丰富的球员回归，法国队终于脱困。法国队在取得了对爱尔兰队的重要胜利之后，又客场逼平瑞士队，最后一场以4：1大胜塞浦路斯队，借助瑞士队与爱尔兰队的平局，法国队最终取得了小组第一的名次，获得了直接参加2006年世界杯正赛的资格。

世界杯开始前，齐达内宣布将在世界杯结束后正式退役，这为法国队的征程染上了若隐若现的悲剧色彩。

基于预选赛的情况，外界虽然并不否认齐达内等人的能力，但也并未因此看好法国队在2006年世界杯上的前景。

小组赛前两场，法国队相继战平瑞士队和韩国队。第三场，法国队2：0战胜多哥队，并不轻松地晋级了淘汰赛。

1/8决赛，法国队与西班牙队狭路相逢。西班牙队的心里还带着在2000年欧洲杯被法国队淘汰的怨念，想要趁此机会一雪前耻。

比赛开始后，西班牙队占据了优势，更是凭借大卫·比利亚的点球首开纪录，但之后的比赛时间属于法国队，尤其是34岁的齐达内。

在里贝里扳平比分后，齐达内先是在比赛的第83分钟利用前场定位球助攻队友维埃拉反超比分，随后又在比赛的伤停补时阶段反越位成功，打进了锁定胜局的一球。

法国队淘汰西班牙队晋级1/4决赛，属于齐达内的表演还没有结束。

1/4决赛，法国队1：0战胜巴西队，齐达内在比赛的第57分钟通过定位球助攻队友亨利破门。

半决赛，法国队再次以1：0的比分战胜葡萄牙队，齐达内在比赛的第33分钟通过点球打入全场比赛的唯一进球。法国队时隔8年再度闯进世界杯的决赛。

法国队在决赛对阵意大利队，这场比赛成为世界杯决赛历史上的经典。

◆ **大师最后一舞**

经过淘汰赛的洗礼，法国队球迷对球队获胜充满信心，当时的一项调查结果显示，86%的法国人认为法国队会在决赛中击败意大利队。

这样的期待，让比赛的过程和结果变得非常有趣。

比赛开始不久，意大利队后卫马尔科·马特拉齐对法国队前锋马卢达犯规，法国队因此获得一个点球良机，齐达内用一记勺子点球为法国队取得领先。在12分钟后，马特拉齐用头球扳平比分。

在此后的比赛中，两队各有攻守，都有超出比分的机会，但都被对手化解，于是双方进入加时赛继续较量。

戏剧性的转折，就发生在加时赛。

比赛第110分钟，齐达内在与马特拉齐发生口角之后，一头撞向了马特拉齐的胸口，主裁判奥拉西奥·埃利松多向齐达内出示红牌，将其驱逐出场。

法国队的又一位天才、又一位精神领袖，在这样的舞台上以这样的方式结束了自己的职业生涯。

在此后的比赛中，双方再无建树，被迫用点球大战的方式分出胜负，特雷泽盖将点球罚丢，意大利队笑到了最后。

马特拉齐究竟说了什么导致齐达内如此愤怒？时隔多年，马特拉齐在接受媒体采访时终于解开了谜团。当时，两人在经过一些拉扯之后，齐达内对他说："你要是想要我的球衣，我就给你。"马特拉齐随即回答道："不，我更想要你的姐姐。"

齐达内也在采访中表示，马特拉齐侮辱了他的姐姐，这使得他失去了理智。他要向看到这个动作的数以百万计的孩子道歉。

然而一切都无法再回头，法国队也只能以这样的方式宣告齐达内时代的结束了。

　　法国这个国家很少有悲情英雄的情结，纵使齐达内如此退场，也不能算是悲情英雄，因为他还有世界杯、欧洲杯的冠军荣誉加持在身。

　　然而当齐达内拆掉护腕、走过大力神杯的那一刻，悲情英雄的人设还是树立了起来。

　　足球运动员在场上挥洒汗水，展现技术，但抛开取悦观众的一切，他们首先是一个普通人，有着自己家庭和生活的普通人。为了自己的家人，齐达内伸头一撞，或许他撞丢了冠军，但他留住了尊严。

◆ 后齐达内时代

　　法国队在并不被人看好的情况下打进世界杯决赛、收获亚军，多梅内克凭此获得了更长时间的合同，得以继续执教法国队。然而齐达内等人的退出，使得法国队不得不重新开始自己的新老交替，球队必须学会适应没有齐达内的日子。

　　有趣的是，在2008年欧洲杯预选赛上，法国队和意大利队被分到了同一个小组，同组的还有苏格兰队、乌克兰队、立陶宛队、格

法国队

鲁吉亚队和法罗群岛队。很显然，最受关注的就是法国队和意大利队之间的两场比赛。

两队的首回合交锋，法国队凭借戈武和亨利的进球，在主场以3：1战胜意大利队，成功复仇；次回合交锋，意大利队则未能在主场战胜法国队，让后者带着0：0的比分全身而退。

不过在对阵小组其他对手时，意大利队的表现更为稳定，于是意大利队获得小组第一，法国队获得小组第二，两队携手晋级2008年欧洲杯正赛。

2008年欧洲杯小组赛，法国队和意大利队再次分在了同一个小组，同组的还有荷兰队和罗马尼亚队。

在这个"死亡之组"中，法国队的表现反而最差。首场比赛法国队便以0：0战平罗马尼亚队，第二场又被荷兰队以4：1的比分击败，最后一场对阵意大利队，法国队没能延续在预选赛时的强势，以0：2不敌对手。最终法国队位列小组第四，早早地结束了自己的欧洲杯之旅。

这一表现让多梅内克的帅位一度发生了动摇，但在法国足协的支持下，他得以继续带队，从而备战2010年世界杯。

而这却为混乱和丑闻埋下了种子。

在2010年世界杯预选赛期间，法国队就出现了一些问题。

在同组对手为塞尔维亚队、奥地利队、立陶宛队、罗马尼亚队和法罗群岛队的情况下，法国队最终只排名小组第二，被迫需要与爱尔兰队进行两回合附加赛，才能确定自己是否可以晋级。

首回合，法国队凭借阿内尔卡的客场进球，1：0小胜对手，占据了晋级的先机。然而在次回合，爱尔兰队球员罗比·基恩的客场进球将法国队拖入了加时赛。第104分钟，法国队后卫威廉·加拉斯打进一球，然而现场的爱尔兰球员和场边的镜头都清晰地看到了在加拉斯进球之前，亨利的手臂碰到了球，然而裁判判定进球有效。

在如此争议中进军世界杯，说明了法国队并不在最佳状态，球队在世界杯前的备战情况也不乐观，甚至在热身赛还输给了中国队。

糟糕的成绩让媒体上出现了大量批评法国队的声音，包括队内出现拉帮结派的现象、个别球员之间彼此不和，甚至连法国队下榻的酒店过于奢华都成为被批评的原因。因此，队员开始怀疑球队内部有内奸向媒体提供材料，这进一步导致了球队气氛的恶化。

最终，这一情绪蔓延到了世界杯赛场上。

小组赛第一场，法国队0：0战平乌拉圭队，球队的压力开始逐渐增大。到了对阵墨西哥队的第二场比赛，主教练多梅内克在上半场结束后对球队的表现非常不满意，将矛头指向了他认为没有在努力防守的阿内尔卡。两人随即在更衣室内爆发言语冲突，队长帕特里斯·埃弗拉的介入也没有让事态降级。

下半场一开始，阿内尔卡就被安德雷-皮埃尔·吉尼亚克换下，法国队也没有摆脱输球的命运，0∶2不敌墨西哥队，球队陷入了背水一战的困局。

比赛结束的两天后，法国媒体《队报》在第一版曝光了阿内尔卡和多梅内克的冲突细节，并且将一句脏话当作了标题，《队报》表示这是阿内尔卡当时说过的脏话。

然而在多年之后，当事人和旁观者都表示，阿内尔卡并没有说这句脏话。

这一头条新闻在法国国内引起了轩然大波，法国足协要求阿内尔卡必须向教练公开道歉，然而后者拒绝道歉。于是法国足协不顾法国队在前方的建议，足协主席让-皮埃尔·埃斯卡莱特决定将阿内尔卡立刻开除。

这一决定则引发了法国队的不满，尤其是在球员之间，队长埃弗拉就在接受采访时表示抗议，并且再次认为球队内部存在内奸。

2010年6月20日，法国队照例进行赛前的备战训练。在球员抵达训练场后，队长埃弗拉突然找到教练组，随即与体能教练罗伯特·迪维尔纳发生肢体冲突。两人被拉开之后，埃弗拉带领全部球员集体登上球队大巴，开始罢训，以示对法国足协的抗议和对阿内尔卡的支持。

在媒体的注视下，多梅内克尝试从中斡旋，但球员拒绝下车，于是在多梅内克宣读了一份球员方面的集体声明之后，球员返回酒店。

声明的核心内容是球员方面对阿内尔卡被开除表示反对，并且认为法国足协没有保护好球员，仅凭媒体的报道便做出决定。为了对这种态度表示抗议，队员决定不参加当天的训练活动，但他们强调深知自己肩负的责任和义务，这样做是为了在下周的比赛中取得好成绩。声明的落款是"法国队全体球员"。

当天晚间，法国足协表示，球员声称的"法国足协在不征求球员意见的情况下开除阿内尔卡"的说法是错误的，足协将成立专门的委员会，以处理罢训事件。

在事件已经升级到球员和足协对抗的层面之后，时任法国总统尼古拉·萨科齐要求体育部部长罗斯利娜·巴舍洛与法国队队长埃弗拉、主教练多梅内克、法国足协主席埃斯卡莱特等人会面，以平息事态，保证小组赛最后一场比赛不受影响。

6月21日，法国队恢复训练，但球队早已成为一盘散沙。在第二天的比赛上，法国队1∶2负于南非队，以小组垫底的成绩打道回府。

法国队在南非世界杯上的丑闻超出了纯粹的体育范畴，因此这引发了法国政府对法国足球事务的干预。

6月23日下午，萨科齐在爱丽舍宫召集包括总理弗朗索瓦·菲永、体育部长巴舍洛和主管体育的国务秘书拉玛·亚德等人开会，讨论调查并处理世界杯的失败和丑闻。会后，法国总统府发表了一份公报，宣布将在2010年10月召集"三级会议"，参与方为体育部、足协和国家队成员，会议将对法国足球长期以来存在的问题进行研究。

巴舍洛对媒体表示，法国足协主席埃斯卡莱特的离职是"不可避免"的，法国队球员和教练也将不会得到任何奖金，而对这些问题最终负责的将会是法国足协。

6月28日，法国足协主席埃斯卡莱特宣布辞职。

2010年8月17日，法国足协纪律委员会做出裁决，处以阿内尔卡18场停赛、队长埃弗拉5场停赛、副队长里贝里3场停赛、与新闻官一起起草罢训声明的杰雷米·图拉朗1场停赛，拒绝参加对阵南非队比赛的阿比达尔则没有受到处罚。

虽然处罚结果遭到了包括法国队前任主帅伊达尔戈、雅凯等部分法国足坛人士的反对，阿内尔卡也与法国足协彻底决裂，埃弗拉表示自己将上诉，但大部分球员都选择接受。

2010年9月5日，多梅内克被法国足协正式解雇。

这一丑闻，包括后续对此事的处理，都在客观上彻底推动了法国队和法国足协的人员改组。

多梅内克被解雇之后，夺得1998年世界杯冠军的球员开始执教法国队。新帅布兰科在世界杯后法国队的第一场比赛上，没有征召任何一位入选2010年南非世界杯大名单的球员。

在随后的一段时间内，布兰科给了大量年轻球员在法国队的出场机会，从而在潜移默化中完成了对球队的洗牌，法国队也因此恢复元气。2012年欧洲杯预选赛，法国队状态回升，以小组第一的身份晋级欧洲杯正赛。

在2012年欧洲杯小组赛中，年轻的法国队1：1战平英格兰队、2：0战胜东道主之一的乌克兰队、0：2不敌瑞典队，以1胜1平1负的成绩取得小组第二晋级淘汰赛。

但球队中的球员毕竟年轻，很多人都缺乏在国际大赛征战的经验。于是在1/4决赛，法国队0：2不敌最后的冠军西班牙队，从而结束了这一届的欧洲杯之旅。

南非世界杯的一幕就是法国足球历史上最丑陋的一幕。

其中的将帅不和、互相猜忌、意气用事，充分暴露了法国足球多年以来的弱点和困境：法国队因为自己的复杂性而充满天赋，但需要一个领袖来驾驭这些天赋。

多梅内克显然不是这样一个人，哪怕他带队拿到了2006年世界杯的亚军，但那个亚军的背后，齐达内才是真正的保障。

所以球队在缺少领袖时，需要用权威和纪律来维系球队。那么，不会再有比德尚更好的人选了。

第八章

"雄鸡"破晓

在万众瞩目之下，法国队拿到了队史上第二座世界杯冠军奖杯。德尚成为继马里奥·扎加洛和弗朗茨·贝肯鲍尔之后，第三位以球员和教练身份都赢得过世界杯冠军的幸运儿。

——引语

法国队

◆ 新力量崛起

2012年欧洲杯结束后，布兰科宣布辞职。1998年世界杯期间的法国队队长德尚，成为最新一任法国队主帅。

德尚接手之后，立刻决定改善法国队的自身形象，重新建立球员和球迷之间的联系。为此，德尚开始重新建队。最初，法国队的核心由几位经验丰富的资深球员组成，如雨果·洛里、卡里姆·本泽马、里贝里和埃弗拉；而一些国家队经验有限的球员，例如奥利维耶·吉鲁和布莱斯·马图伊迪也将在此后的时间里逐渐变得重要起来。

重建初期，阵痛无处不在，法国队的成绩飘忽不定。2014年世界杯预选赛，法国队与强大的西班牙队被分到了同一个小组，"高卢雄鸡"几经努力也只能以小组第二的身份参加附加赛，球队在附加赛上的对手是乌克兰队。

附加赛首回合，乌克兰队在主场2∶0赢下法国队。

法国队在比赛中几乎没有展现出什么希望，数据统计也对法国队不利——历史上从来没有一支欧洲区球队能在附加赛首回合以两球落败后实现逆转。这意味着法国队参加2014年世界杯的可能性大大减小。

然而在次回合，德尚的球队打出了一场有说服力的比赛，法国队凭借马马杜·萨科和本泽马的进球，用3：0的比分完成了逆转。

比赛结束后，法国队球员与观众一起庆祝胜利，吉鲁拿着麦克风唱起了法国国歌《马赛曲》，所有球迷都跟着欢呼。这场对阵乌克兰队的胜利被认为是法国队在德尚时代的第一场关键比赛，是德尚作为教练在法国队建立权威的起点，也象征着法国公众与法国队重新建立起了联系。

预选赛期间，拉斐尔·瓦拉内、博格巴、格列兹曼等新生力量逐渐涌现，很快就成为球队的重要成员，他们将在未来几年成为帮助法国队重回巅峰的又一批"黄金一代"的成员。

但在这之前，他们显然需要积累经验。

2014年世界杯，法国队与瑞士队、厄瓜多尔队和洪都拉斯队分在一组。小组赛第一场，法国队3：0轻松战胜洪都拉斯队，随后又以5：2大胜瑞士队，早早建立了出线优势。最后一场0：0战平厄瓜多尔队，没有影响法国队小组第一名的位置。

1/8决赛，法国队2：0战胜尼日利亚队，但博格巴直到第79分钟才帮助法国队破门，比赛临近结束时，球队又制造了尼日利亚队的

法国队

乌龙球。这场比赛显示了法国队在更高强度比赛中的不适应，于是在对阵德国队的1/4决赛，法国队付出了代价。

马茨·胡梅尔斯的进球帮助德国队早早取得领先，法国队在随后的长时间内对此毫无办法，只好接受了输给当届冠军的结果，不过八强的成绩也被外界视为法国队完成了既定目标。

◆ 折戟2016

相较于2014年世界杯，外界更期盼法国队能在2016年欧洲杯取得好成绩，因为这将是又一届在法国本土举办的国际大赛。

作为东道主，法国队自动取得了正赛名额，但球队还是参加了预选赛，从而保持队伍的比赛状态。在这些并不计入最后成绩的预选赛和友谊赛中，德尚逐步用格列兹曼代替掉了本泽马，让前者成为法国队新的进攻核心。

2016年5月12日，德尚公布了欧洲杯23人名单，其中被卷入敲诈丑闻的本泽马和表现出色的哈特姆·本·阿尔法两名球星未能入选。这立刻引发了争议，但舆论的焦点很快发生偏离，本泽马本人将这归咎于德尚屈服于法国国内的种族主义。之后，德尚的房子被贴上"种族主义"一词的标语。

在2015年11月巴黎发生恐怖袭击之后，贴标语的这一举动给德尚及其家人带来了人身层面的危险。

2016年欧洲杯，法国队的表现慢热。

小组赛首场比赛，法国队凭借迪米特里·帕耶的绝杀，才以2∶1的比分战胜罗马尼亚队。此后2∶0赢下阿尔巴尼亚队、0∶0战平瑞士队，也没能让德尚的球队征服球迷。

1/8决赛，法国队遇到了因为亨利的手球而无缘2010年世界杯的爱尔兰队。法国队在开场第2分钟就因点球落后，但下半场格列兹曼在4分钟内的梅开二度，让法国队晋级1/4决赛。

这场比赛，法国队将迎战淘汰了英格兰队的黑马冰岛队，后者在法国队面前暴露了实力不足的本质，法国队顺理成章地以5∶2大胜对手。

半决赛，法国队再遇德国队。占据主场之利的法国队在上半场占据主导地位，并在半场结束前通过格列兹曼的点球首开纪录。下半场面对德国队的进攻，法国队防守稳固，格列兹曼的破门帮助球队将领先优势进一步扩大，最终以2∶0取胜。这是自1958年以来，法国队首次在正式比赛中战胜德国队。

决赛场上，法国队迎来了以克里斯蒂亚诺·罗纳尔多（简称

"C罗")为代表的葡萄牙队的挑战。历史记录显示法国队并不惧怕葡萄牙队，但在主场的巨大压力下，法国队没能拿出欧洲杯开赛后的优秀表现，在C罗因伤退场的情况下也没能收获进球，最终在加时赛被葡萄牙队前锋埃德尔绝杀，最终无缘2016年欧洲杯冠军。

◆ 再夺世界杯

未能在本土夺得欧洲杯冠军，这深深地打击了法国队球员的情绪。虽然球员在爱丽舍宫受到了时任法国总统弗朗索瓦·奥朗德的接见，但他们对如此接近最终的胜利却未能做到依然深感失望。

不过距离冠军一步之遥，也让球员充满了饥饿感，这最终将推动他们在两年之后达到世界之巅。

2018年世界杯，已经足够成熟的法国队在预选赛中表现稳健，10场比赛取得7胜2平1负的战绩，早早就确立了自己在小组内的优势地位。

在这期间，年轻球员基利安·姆巴佩崭露头角，逐渐成为法国队在前锋线上的主力球员。名不见经传的恩戈洛·坎特也凭借在俱乐部的优异表现，成为德尚手下的一员大将。

一切都已经水到渠成。

2018年世界杯拉开帷幕，小组赛阶段，法国队和澳大利亚队、秘鲁队、丹麦队分在了同一个小组。在外界看来，这会是三场难度不大的比赛，法国队的晋级前景相当光明。

小组赛首战澳大利亚队，法国队凭借格列兹曼的点球和对手的乌龙球才勉强过关。第二场比赛也只是1∶0小胜秘鲁队，在那一场比赛中，姆巴佩成为法国队在世界杯上最年轻的进球队员。

第三场比赛，法国队0∶0战平丹麦队，顺利地以小组第一的身份晋级淘汰赛。不过法国队在比赛中所呈现的竞技状态还未达到最佳，这不得不令外界对法国队在淘汰赛的前景产生一丝担忧。尤其是在1/8决赛，法国队需要迎战利昂内尔·梅西率领的阿根廷队，后者虽然在本届世界杯的表现相当挣扎，尤其是在小组赛最后一轮战胜尼日利亚队才确保了从小组出线，但因为梅西的存在，法国队当然不能小看阿根廷队。

比赛开始之后，法国队表现不错，球员踢得非常务实，并尝试在反击中威胁对手，特别是依靠姆巴佩的速度，德尚的战术得到了很好的贯彻。格列兹曼罚进了姆巴佩制造的点球，从而帮助法国队取得领先。

然而在上半场末段和下半场初段，阿根廷队凭借安赫尔·迪马

法国队

利亚和加布里埃尔·梅尔卡多的进球，一度在比赛中完成了对法国队的比分逆转。这暴露了法国队的后卫不够专注的问题。

随着比分被逆转，法国队重新恢复了认真的状态。比赛第57分钟，本杰明·帕瓦尔凌空抽射，完成一脚"世界波"破门。该进球最终也被评为2018年世界杯的最佳进球。

"神仙球"的诞生，说明了法国队的球员状态火热，但最大的惊喜还是来自姆巴佩，他在4分钟内梅开二度，帮助法国队再次超出比分的同时，也将领先优势扩大到了两球。虽然在比赛的伤停补时阶段，塞尔希奥·阿圭罗接梅西送出的传中头球破门，但法国队还是在这场精彩的进球大战中取得了胜利，有惊无险地晋级1/4决赛。

1/4决赛对阵乌拉圭队，法国队踢得较为顺利。

乌拉圭队的前锋埃丁森·卡瓦尼因伤缺席，这影响了乌拉圭队的进攻能力，也让法国队的后卫球员松了一口气。比赛第40分钟，法国队获得定位球机会，瓦拉内接到传中，在禁区内头球破门。第61分钟，格列兹曼收获进球，让法国队以2∶0的比分晋级半决赛。

法国队在半决赛对阵同样拥有一批优秀球员的比利时队，"高卢雄鸡"的压力并不小。

这场比赛吸引了大量的球迷和媒体，因为比利时队在世界杯开幕后打出了极具吸引力的进攻足球，在5场比赛内打进了14球，并且实现了淘汰巴西队的壮举。

别忘了，比利时队还在两球落后于日本队的情况下，完成了惊天逆转。

面对这样一个进攻手段丰富的对手，德尚选择了防守反击的战术。比赛中，法国队将控球权拱手相让，尝试在稳健防守的基础上，耐心地寻找着进攻的机会。

这场比赛，比利时队被普遍认为表现更为出色，尤其是其核心球员埃登·阿扎尔，他在比赛的前25分钟多次突破法国队后防线，制造了大量的进攻机会。他自己也在之后接受采访时表示，虽然没有收获进球，但对阵法国队的这场比赛依然是他职业生涯中表现最为出色的比赛。

所以从这个角度来说，比利时队唯一欠缺的就是进球。

逐渐适应了对手的强度之后，法国队在第51分钟由后卫萨米埃尔·乌姆蒂蒂在角球进攻中打进一球，率先占据了比分上的优势。

处于落后的比利时队自然焦急起来，开始尝试用各种方法威胁法国队的大门。比赛第82分钟，埃克塞尔·维特塞尔打出了比利时队在本场比赛最有威胁的一次射门，他在距离球门25米外的一脚强有力的远射，让人想起了2016年欧洲杯决赛中葡萄牙队前锋埃德尔的射门。那一脚射门让法国队在家门口失去了欧洲杯冠军，但这一次，法国队"门神"洛里将球扑出。

在淘汰阿根廷队、乌拉圭队和比利时队之后，法国队迎来了2018年世界杯的最后一个对手——克罗地亚队。

在卢卡·莫德里奇、马里奥·曼朱基奇、伊万·拉基蒂奇和伊万·佩里希奇等球员的出色发挥下，克罗地亚队闯入本届世界杯决赛的表现让人相当惊喜。这是一支名副其实的黑马球队，而这也是克罗地亚队第一次打进世界杯决赛。

所以面对克罗地亚队，法国队很容易滋生出轻敌的心态，这是德尚和他的球员最需要避免的事情。

决赛的过程，也符合这种担忧。

开赛的哨声吹响之后，法国队在开局阶段一度吃尽了苦头，但在比赛的第18分钟，上天给了法国队一份再好不过的礼物。在定位球防守中，曼朱基奇的解围球变成了乌龙球，这让法国队立刻获得了比分和心理上的优势。

但在10分钟之后，克罗地亚队就展现出了其黑马本色，佩里希奇的进球将两支球队重新拉回到了同一起跑线上。

上半场比赛，法国队其实打得相当困难，虽然球队在上半场结束前就打进了第二球，但格列兹曼打进点球的这脚射门，其实是法国队在上半场比赛中仅有的一次射正球门。

中场休息，德尚当然不会满意球员的发挥。作为1998年世界杯决赛的亲历者，他很清楚地知道如果类似于上半场比赛的情形再次出现，法国队距离输球其实并不远。

下半场比赛，法国队稳健了许多。德尚将球队的阵线适当调整，从而压缩了克罗地亚队球员在进攻中的发挥空间，也给法国队的进攻创造了绝佳的环境。

因为法国队有姆巴佩，而克罗地亚队没有。

比赛第59分钟和第65分钟，法国队两次在快速进攻中收获进球，博格巴和姆巴佩联手将比分改写为4∶1。就算克罗地亚队的黑马成色再浓重，也难以在世界杯决赛的舞台上挽回败局。

如果不是法国队门将洛里在门前的失误，克罗地亚队也不会有机会将最终的比分定格在2∶4。

在万众瞩目之下，法国队拿到了队史上第二座世界杯冠军奖杯。德尚成为继马里奥·扎加洛和弗朗茨·贝肯鲍尔之后，第三位以球员和教练身份都赢得过世界杯冠军的幸运儿。

法国队

◆ 王朝只差一步

2018年世界杯结束后，又一项国际赛事——欧洲国家联赛（简称"欧国联"）宣告成立。

在第一届欧国联比赛上，国际足联排名靠前的法国队被分到A级联赛，与荷兰队和德国队分在一组。四场比赛过后，法国队排名小组第二，没能获得参加半决赛的资格。

2020欧洲杯，依然兵强马壮的法国队作为夺冠热门，在预选赛阶段表现稳健，以小组第一的身份顺利晋级正赛，但随着新冠疫情的暴发，欧洲杯被推迟一年举行。

欧洲杯推迟后，法国队在2020年末参加了第二届欧国联。虽然因为疫情没有球迷到现场观赛，但法国队在小组赛中的表现几乎完美，最终排名小组第一，获得了进入半决赛的资格。

2021年6月，2020欧洲杯正式开打。

虽然法国队信心十足，还重新征召了本泽马，但"高卢雄鸡"在本届欧洲杯的表现却不尽如人意。小组赛首战击败德国队的几天后，法国队便在对阵匈牙利队的比赛中遇到麻烦，最后仅收获一场平局。而在小组赛第三场，法国队与葡萄牙队经过激烈的交锋，双方最终以2：2握手言和。

1/8决赛，法国队与瑞士队狭路相逢。外界理所应当地认为世界杯冠军将轻松晋级，然而比赛结果却出乎意料。瑞士队先进一球，法国队在下半场连进三球，一度逆转比分，但在比赛的最后时刻，瑞士队在9分钟内连进两球，将比分改为3：3。

加时赛，两队都没能有所建树，比赛被拖入点球大战。法国队前四名球员全部命中点球，但第五个出场的姆巴佩的射门被瑞士队门将扬·索默扑出，法国队就此被淘汰出局。

2020欧洲杯结束后不久，法国队就紧锣密鼓地投入到了2022年世界杯预选赛的征程。

法国队在预选赛与乌克兰队、芬兰队、波斯尼亚队、哈萨克斯坦队同组。

对于在欧洲杯受挫的法国队来说，世界杯预选赛没有难度。虽然球队遭遇了三场平局，但依然没有影响到法国队的晋级之路。不过令人遗憾的是，这也无法让法国队从受挫当中恢复过来。

真正提振信心的事情出现在欧国联半决赛，第一次闯进欧国联半决赛的法国队需要面对比利时队。

上半场比赛，比利时队牢牢占据优势，一度建立了2：0的领先优势。不过法国队很快就苏醒了过来，比赛第62分钟，本泽马扳

法国队

回一球，7分钟后，姆巴佩罚进了关键的点球，法国队将比分扳成2：2。

比赛最后时刻，法国队球员特奥·埃尔南德斯打进绝杀球，法国队惊险晋级决赛。

进入决赛，法国队拥有了夺得冠军的机会，但西班牙队同样希望获得这座冠军奖杯，来重新证明自己的实力。

决赛开始后，西班牙队占据主导地位，但并未获得进球。进入到下半场比赛，西班牙队的努力开花结果，米克尔·奥亚萨瓦尔在第64分钟为"斗牛士军团"首开纪录。

丢球之后的法国队开始了其擅长的反击，这一次仅仅用了2分钟，本泽马扳平比分。距离常规时间结束还有10分钟时，姆巴佩打进了法国队的第二球，从而逆转了比分。

虽然西班牙队在比赛结束前加强了进攻，但比分仍然没有改变，法国队赢得了球队历史上的第一个欧国联冠军。

这座很难摆脱友谊赛性质的奖杯，在这个时候变得很重要，它让法国队重拾了信心，从而对2022年年末举办的世界杯有了更多的期待。

然而在世界杯开幕之前，法国队的状态有所下滑，未能在2022—2023赛季欧国联中小组出线。而博格巴和坎特等资深球员的缺席，包括在临近开赛前，本泽马、克里斯托弗·恩昆库、普雷斯内尔·金彭贝等人的因伤离队又给法国队带来了新的沉重打击，一切都使得"高卢雄鸡"带着诸多疑问开始了征程。

不过开赛之后，法国队的表现走上正轨。小组赛，法国队4∶1大胜澳大利亚队，为自己开了一个好头，随后2∶1战胜丹麦队，锁定了小组出线的名额，最后一场输给突尼斯队，也没有影响法国队小组第一的位置。

1/8决赛，法国队颇为顺利地击败了波兰队，波兰队球星罗伯特·莱万多夫斯基在比赛最后时刻打进挽回颜面的一球，让比分定格在了3∶1。

1/4决赛，法国队与近年实力强劲的英格兰队狭路相逢，两支球队打得难解难分。楚阿梅尼的远射帮助法国队先进一球，但英格兰队前锋哈里·凯恩用点球扳平比分。尽管随后英格兰队发起了强有力的进攻，法国队还是创造了机会。吉鲁接到格列兹曼的精准传中，头球破门。比赛末段，特奥在禁区内的犯规让英格兰队再次获得点球，但这次凯恩将点球罚丢，法国队由此晋级半决赛。

半决赛上，法国队迎战黑马摩洛哥队。

凭借特奥和朗达尔·科洛·穆阿尼的进球，法国队以2∶0轻松获胜。这场比赛的胜利使法国队在2018年世界杯后，再一次进入世

法国队

界杯决赛。

在对战梅西率领的阿根廷队之前，法国队遭遇了流感的袭击，这使得德尚需要在状态不佳的主力球员和能力有限的替补球员中做出抉择，他最终还是选择前者来迎战。

这一决定让法国队在上半场付出了沉重的代价，球队落入了两球落后的困境之中，于是德尚在上半场未结束前就换下两人。

然而，换人并未带来立竿见影的效果，法国队依然在苦苦追赶比分。就在阿根廷队认为自己即将夺冠之际，比赛的第80分钟，姆巴佩罚进点球，1分钟后，他再进一球，将比分扳为了2：2，也将比赛拖入了加时赛。

加时赛下半场，梅西抓住了补射的机会，让阿根廷队以3：2再次领先。随后，贡萨洛·蒙铁尔在禁区内手球犯规，姆巴佩再度罚入点球，这是他在决赛中打入的第3球，这让他成为继1966年吉奥夫·赫斯特之后，第二位在世界杯决赛中上演帽子戏法的球员。

3：3的比分一直保持到了加时赛结束。点球大战中，阿根廷队的点球全部命中；金斯利·科曼的射门被埃米利亚诺·马丁内斯扑出，楚阿梅尼的射门则偏出门柱，法国队在点球大战以2：4的结果输掉了这场跌宕起伏的决赛。

◆ "雄鸡"翱翔

虽然法国队没能卫冕成功，但在2016年欧洲杯、2018年世界杯、2020欧洲杯和2022年世界杯中，法国队能够三次进入决赛，说明"高卢雄鸡"的实力不容小觑

在源源不断的优秀球员的支撑下，法国队依然是国际赛场上实力顶尖的几支球队之一。于是，在德尚与法国足协的合同到期之前，双方选择续签合约，合同有效期至2026年6月，即下一届世界杯开始时。

法国队的征程还在继续。2024年欧洲杯预选赛，法国队与荷兰队、希腊队、爱尔兰队和直布罗陀队被分在同一组。在这个小组当中，法国队拥有明显的实力优势，从小组出线自然不是难题，法国队也很轻松地做到了这一点。虽然在小组内有荷兰队这样实力同样出色的传统强队，但法国队也没有让小组第一名的竞争出现悬念。8场比赛，法国队取得了7胜1平的战绩。

预选赛第一轮，法国队就在主场以4：0的大比分战胜荷兰队。比赛开场仅21分钟，格列兹曼、达约·于帕梅卡诺和姆巴佩就各进一球，帮助法国队早早地锁定了这场比赛的胜利。

法国队

预选赛第七轮，法国队前往客场挑战荷兰队。这场比赛，法国队以2∶1再次战胜荷兰队，姆巴佩上演梅开二度的好戏，法国队也只是在比赛的最后时刻让荷兰队打进了挽回颜面的一球。法国队取得了这场比赛的胜利，也让小组第一名成为法国队的囊中之物。

整个欧洲杯预选赛期间，法国队唯一的平局发生在最后一轮比赛。在法国队早已锁定小组头名、完全没有压力，姆巴佩也没有首发出场的情况下，法国队在客场以2∶2与希腊队战平。

整个2023年，法国队的表现相当稳定。在姆巴佩的带领下，法国队顺利地完成了这一年的目标，姆巴佩也以9球的成绩，在2024年欧洲杯预选赛的射手榜上排名第三，仅仅落后于打进14球的罗梅卢·卢卡库和打进10球的克里斯蒂亚诺·罗纳尔多。

然而，法国队不能因此而自满。

2023年9月，法国队在友谊赛以1∶2输给了德国队。比赛开始仅4分钟，德国队就攻破了法国队的球门；比赛临近结束时，德国队再进一球，而法国队在最后时刻才扳回一球。

输给最近几年表现不佳的德国队，这是法国队不应该有的表现。当时，法国队球迷还能以姆巴佩没有出场为由为球队的表现进行开脱，但在2024年3月，法国队再一次输给了德国队，这一次不仅没有进球，而且比赛还在法国队的主场进行，最让法国队球迷无法接受的是，这一场比赛，姆巴佩首发出战。

这一次，法国队球迷很难能为球队的糟糕表现找到借口了。

所以，在2024年欧洲杯即将开打的时候，作为夺冠热门球队的法国队需要脚踏实地。

从实力角度来说，如今的这支法国队才华横溢，在以姆巴佩为核心的情况下，法国队在各个位置上涌现出大量的青年才俊。

进攻线上，虽然吉鲁已经是37岁的老将，但法国队拥有科洛·穆阿尼、马库斯·图拉姆、奥斯曼·登贝莱、金斯利·科曼等出色的年轻攻击手；中轴线上，博格巴和坎特因为不同的原因已经淡出了法国队，但卡马文加、楚阿梅尼和更具经验的阿德里安·拉比奥完全可以撑起法国队的中场，为球队奠定胜利的基础。

至于后卫和门将的位置，帮助法国队获得2018年世界杯冠军的瓦拉内、洛里等人已经纷纷退出球队，但像于帕梅卡诺、易卜拉希马·科纳特、威廉·萨利巴这些优秀的后卫球员和迈克·迈尼昂这位优秀的门将，已经组成了法国队的钢铁防线，从而让姆巴佩和其他的前锋无须担忧防守端的事情。

虽然这支全新的法国队可能在某些位置和某些环节欠缺一些大赛经验，但在姆巴佩、格列兹曼等人的带领下，法国队依然是2024年欧洲杯最有夺冠希望的球队之一。

法国队

2020欧洲杯，法国队在极具戏剧性的一场比赛后被瑞士队淘汰出局，罚丢最后一个点球的姆巴佩无疑是最为遗憾的人。

4年过后，机会重来。在已经脱胎换骨的情况下，法国队依然保持了相当出色的实力，"高卢雄鸡"足以排出两种具备竞争力的首发名单的人员储备令其他球队羡慕，尤其是正处于当打之年的姆巴佩，是其他球队最为忌惮的球员。

所以，只要法国队自己脚踏实地，避免自乱阵脚，任何球队都很难掰得动法国队的手腕。能够做到这一点，法国队便有很大的机会触及欧洲杯冠军。对于法国队来说，做到这一切，其实并不困难。

经典瞬间

对于任何一支球队来说，在浩瀚的历史长河中，都会诞生很多的经典瞬间。这些瞬间，是球迷津津乐道的话题，也是球星绽放光彩的时刻。定格精彩的进球、争议的判罚、完美的配合、顽强的防守、伟大的扑救……珍藏这些难以忘怀的瞬间。

齐达内空中制霸

　　1998年世界杯决赛，齐达内在上半场用两记价值连城的头球，帮助法国队取得2：0的领先，成为球队击败巴西队并最终夺冠的最大功臣。第27分钟，埃马纽埃尔·佩蒂特开出角球，齐达内高高跃起力压对方后卫头槌破门，帮助法国队首开纪录。第45分钟，法国队再度获得角球机会，尤里·德约卡夫开出的角球质量极高，齐达内回头望月再下一城。这位脚下功夫细腻的中场大师，罕见地用头球梅开二度，把"高卢雄鸡""顶上"世界之巅。

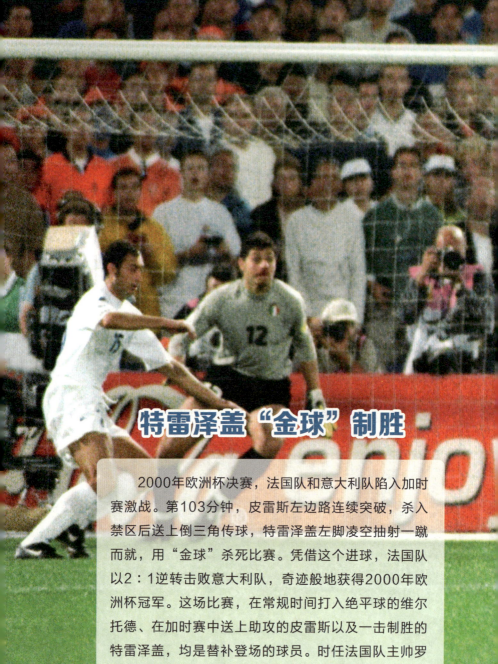

特雷泽盖"金球"制胜

　　2000年欧洲杯决赛，法国队和意大利队陷入加时赛激战。第103分钟，皮雷斯左边路连续突破，杀入禁区后送上倒三角传球，特雷泽盖左脚凌空抽射一蹴而就，用"金球"杀死比赛。凭借这个进球，法国队以2:1逆转击败意大利队，奇迹般地获得2000年欧洲杯冠军。这场比赛，在常规时间打入绝平球的维尔托德、在加时赛中送上助攻的皮雷斯以及一击制胜的特雷泽盖，均是替补登场的球员。时任法国队主帅罗杰·勒梅尔的三次换人调整，堪称神来之笔。

2018年青春风暴

2018年世界杯，法国队时隔20年再度夺冠。这支球队的平均年龄仅为26岁零10天，法国队因此成为自1970年世界杯冠军巴西队之后，最年轻的世界杯冠军球队。在2018年世界杯中，法国队用年轻和活力刮起"青春风暴"，球队摧枯拉朽的进攻势头让对手无从招架。1/8决赛面对阿根廷队，年仅19岁的姆巴佩上演一骑绝尘破门，这便是法国队在这届世界杯中风格的最佳写照。多位青年才俊的集体涌现，让法国队高歌猛进，决赛中更是以4：2大胜克罗地亚队，最终捧起世界杯冠军奖杯。

大师的告别

  2006年世界杯决赛，齐达内在上半场用"勺子点球"帮助法国队取得1：0的领先优势。然而在加时赛中，齐达内与意大利队后卫马尔科·马特拉齐发生言语冲突，被激怒的齐达内像一头愤怒的狮子，他用头撞向马特拉齐的胸口，后者痛苦倒地，齐达内被裁判出示红牌罚出场。齐达内与大力神杯擦肩而过的画面，也似乎暗示了法国队最终的命运——球队在点球大战中不敌意大利队。早在2006年世界杯开始之前，齐达内便宣布将在世界杯结束后退役，一代大师以并不完美的结局，告别了辉煌的运动员生涯。

"手球门" 事件

　　2010年世界杯欧洲区预选赛附加赛第二回合，爱尔兰队对阵法国队。首回合法国队1：0小胜，次回合爱尔兰队在90分钟内将总比分扳平，双方不得不进入加时赛。加时赛第104分钟，亨利用手球助攻威廉·加拉斯打入制胜球，法国队惊险晋级2010年世界杯。赛后，亨利的手球助攻引起轩然大波，他本人也因各方的口诛笔伐而身心俱疲。在后来的声明中，亨利表示："我已经重申很多次，并且以后我也会承认，那确实是一个手球。我不是一个骗子，过去不是，现在也不是。当球以很快的速度朝我飞来时，我的手球是一个本能反应。"

荒唐的判罚

　　1982年世界杯小组赛，法国队对阵科威特队，法国队在比赛中很快取得3：1的领先。比赛第81分钟，吉雷瑟帮助法国队将比分扩大至4：1，但科威特队球员却集体抗议，表示他们是因为听到了现场观众的哨音，误以为比赛被吹停，所以才停止防守。他们要求裁判判罚法国队进球无效，现场观战的科威特足协主席谢赫·艾哈迈德·法赫德·萨巴赫亲王甚至进入比赛场内，向裁判施压。最终裁判迫于压力，取消了法国队的进球。然而实力明显碾压对手的法国队，随后还是打入一球，以4：1毫无悬念地击败科威特队。

艺术足球的造极之战

　　1986年世界杯1/4决赛，法国队和巴西队用极其精妙的配合、高速的攻防转换和连贯顺畅的传接球，演绎了一场艺术足球的极致对决。这场比赛巨星云集、进球精彩，同时也见证了普拉蒂尼、济科、苏格拉底等大师最后的巅峰。这场比赛常规时间内的净比赛时长达到了惊人的80分钟。这场比赛还有着极其跌宕起伏的进程——双方90分钟内战成1：1平，加时赛中也都没有打破僵局，点球大战中，普拉蒂尼罚丢点球，但最终法国队还是惊险淘汰了巴西队。这场比赛可以说是两队联手奉献了一场史诗级的华丽对决。

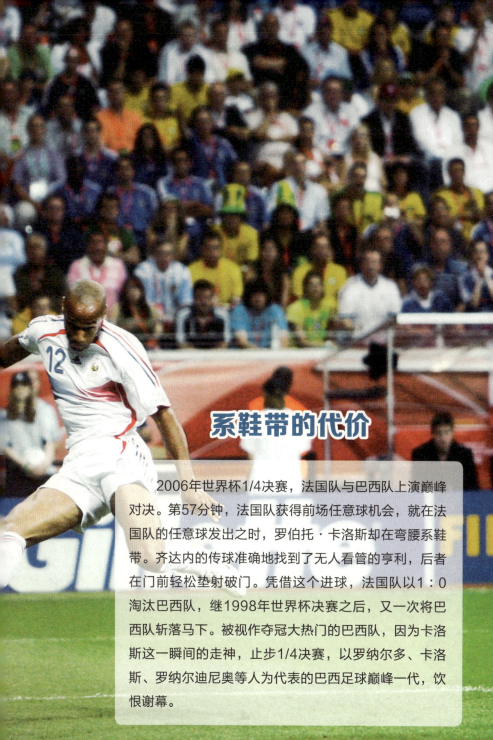

系鞋带的代价

　　2006年世界杯1/4决赛，法国队与巴西队上演巅峰对决。第57分钟，法国队获得前场任意球机会，就在法国队的任意球发出之时，罗伯托·卡洛斯却在弯腰系鞋带。齐达内的传球准确地找到了无人看管的亨利，后者在门前轻松垫射破门。凭借这个进球，法国队以1：0淘汰巴西队，继1998年世界杯决赛之后，又一次将巴西队斩落马下。被视作夺冠大热门的巴西队，因为卡洛斯这一瞬间的走神，止步1/4决赛，以罗纳尔多、卡洛斯、罗纳尔迪尼奥等人为代表的巴西足球巅峰一代，饮恨谢幕。

绝境逆转挺进世界杯

　　2014年世界杯预选赛附加赛，法国队在对阵乌克兰队的首回合比赛中以0：2完败，濒临出局。然而在第二回合回归主场之后，法国队上演了惊天大逆转。上半场马马杜·萨科和本泽马各入一球，下半场萨科完成梅开二度，最终法国队以3：0击败乌克兰队，总比分3：2完成逆转。"高卢雄鸡"用一场史诗级逆转，有惊无险地闯入2014年世界杯正赛。赛后，主帅德尚和法国队众将高举国旗，兴奋庆祝。

单届世界杯16球闪耀世界

　　1982年世界杯，法国队在铁三角普拉蒂尼、蒂加纳和吉雷瑟的率领下，展现出了恐怖的进攻火力。那届世界杯，法国队打入16球，其中有两场比赛的单场进球数达到了4球。华丽的进攻表演，让"高卢雄鸡"被世人铭记。那届世界杯更令人难忘的还有法国队的出局方式——对阵联邦德国队的半决赛，法国队在加时赛中一度取得了3：1的领先，但却匪夷所思地被对手在6分钟内扳平了比分。最终法国队倒在了点球大战之中，无缘决赛。1982年世界杯，法国队最终收获了第四名的成绩。

齐达内2分钟2球上演神奇逆转

2004年欧洲杯小组赛，法国队与英格兰队的比赛踢得跌宕起伏。大卫·贝克汉姆送出"圆月弯刀"妙传，弗兰克·兰帕德头球攻门首开纪录，不过前者却在下半场罚丢点球。伤停补时第1分钟，齐达内用一记绝妙的任意球帮助法国队扳平比分，英格兰队门将大卫·詹姆斯面对齐达内的射门毫无反应，好似被"钉在地上"一般。随后史蒂文·杰拉德出现令人匪夷所思的回传失误，亨利在禁区内被詹姆斯放倒，齐达内点球破门一蹴而就。齐达内2分钟内连进2球，帮助法国队以2：1上演神奇逆转。

举世无双

　　1958年，方丹代表法国队出战世界杯。他首战就上演帽子戏法，开启了自己的进球表演。最终在1958年世界杯中，方丹总计轰入13球，毫无悬念地荣膺最佳射手。不仅如此，13球也创造了单个球员在单届世界杯中的最高进球纪录，迄今为止这一纪录无人超越，甚至没有人能够再接近。自方丹之后，只有盖德·穆勒在1970年世界杯中打入过10球，其余球员在单届世界杯中的最高进球数仅有8球。方丹保持的这个不可思议的纪录，也被视作足球世界里非常难被打破的纪录之一。

世界杯首秀

　　1930年，首届世界杯在乌拉圭举行，法国队也上演了世界杯首秀。总计有13支球队获得了参赛资格，13支球队被分为4个小组，法国队被分在了A组。首战法国队以4∶1大胜墨西哥队，但随后的两场比赛，法国队均以0∶1的比分先后输给阿根廷队和智利队。最终法国队在3场比赛中取得1胜2负的战绩，位列小组第3无缘出线。在A组中，阿根廷队以3战全胜的战绩出线，不过阿根廷队在最后的决赛中以2∶4不敌乌拉圭队。首届世界杯，以东道主乌拉圭队夺冠的结局落幕。

幸运之吻

　　布兰科和巴特斯，曾共同效力于马赛队。自那时起，布兰科就养成了在每场比赛赛前亲吻巴特斯光头的习惯，布兰科觉得这样的做法能带来好运。1998年世界杯，"幸运之吻"发挥了作用，法国队一路高歌猛进捧起大力神杯，两人的经典互动成为足球历史上的美谈。2018年世界杯半决赛，法国队凭借萨米埃尔·乌姆蒂蒂的头球破门，淘汰了强敌比利时队。赛后吉鲁亲吻乌姆蒂蒂的头部，两人联手重现了当年"高卢雄鸡"的经典画面。

稚嫩的"海布里之王"

　　1998年，不满21岁的亨利迎来世界杯首秀，他在小组赛中打入3球，初出茅庐便一战成名。法国队对阵意大利队的1/4决赛，双方陷入鏖战，一路激战至点球大战。稚嫩的亨利此时根本不敢看队友罚点球，他躲在比他年长的特雷泽盖身后，特雷泽盖此时同样非常紧张。法国队在点球大战中以4：3险胜意大利队，"高卢雄鸡"挺进四强并最终夺冠。首次征战世界杯就捧得冠军奖杯的亨利，不仅打入3球，更留下了这一名场面。这位此时只敢躲在队友身后的稚嫩小将，日后则成为大杀四方的"海布里之王"。

星光璀璨

姓名：奥利维耶·吉鲁

出生日期：1986年9月30日

主要球衣号码：9号

国家队数据：131场57球

"铁塔巨人"

　　在人才辈出的法国队之中，他是法国队队史射手王。他身材魁梧，力量惊人，在禁区内如同一座不可逾越的山峰。他就是绿茵场上的"铁塔巨人"，奥利维耶·吉鲁。吉鲁头球能力出众，常常在关键时刻为球队攻城拔寨。他的球风朴实无华，却异常高效，他的每一次触球都显得沉稳而有力。谦逊、务实、敬业、高效，吉鲁没有全面的身手和顶尖的天赋，却将自己独有的优势发挥到了极致，成为法国队和俱乐部都不可或缺的前场支点。

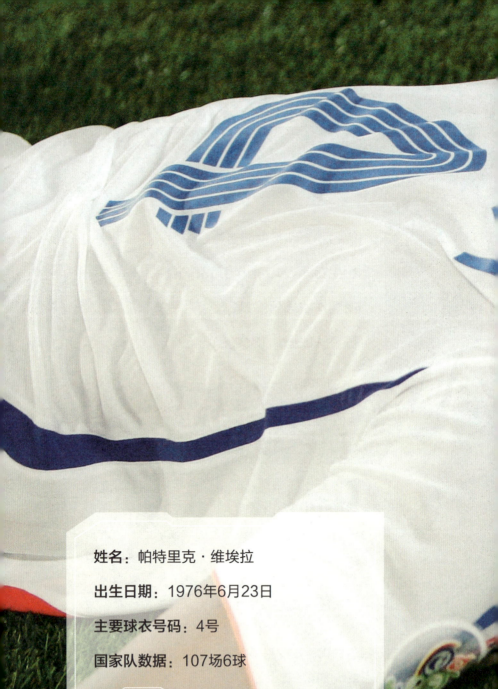

姓名：帕特里克·维埃拉

出生日期：1976年6月23日

主要球衣号码：4号

国家队数据：107场6球

全能战士

　　他身材高大，体格健壮；他技术全面，领导力卓著；他铮铮铁骨，刚毅勇猛。他是阿森纳队的"铁血队长"，他是法国队的全能后腰，他拥有无与伦比的防守能力和组织能力，他是任何球队都梦寐以求的全能战士。他，就是帕特里克·维埃拉。1998年世界杯决赛，为佩蒂特送上"杀死比赛"的助攻，帮助法国队以3∶0取胜夺冠。维埃拉为法国队出战107场，率领阿森纳队创造不败夺冠的奇迹。维埃拉彪悍的生涯，留下了无数让人津津乐道的传奇故事。

"血腥杀手"

　　帕潘以出色的射术和得分能力而闻名于世，他总能给予对手致命一击，因而得到了"血腥杀手"的绰号。帕潘在职业生涯中效力过多家顶级俱乐部，包括马赛队、AC米兰队和拜仁慕尼黑队等，他在球场上展现出了无与伦比的进球能力。帕潘曾获得过多项颇具分量的个人荣誉，包括1991年的金球奖。在效力马赛队期间，帕潘帮助马赛队连续4个赛季夺得联赛冠军，他个人则在联赛和欧冠赛场连续获得最佳射手的称号。帕潘还代表法国队出战了54场比赛，打进30球，效率相当之高。

姓名：让-皮埃尔·帕潘

出生日期：1963年11月5日

主要球衣号码：9号

国家队数据：54场30球

个人荣誉：1次金球奖

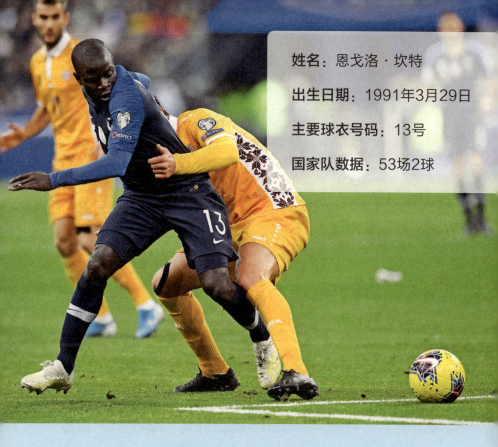

姓名：恩戈洛·坎特

出生日期：1991年3月29日

主要球衣号码：13号

国家队数据：53场2球

法国"永动机"

  坎特的职业生涯始于法国的布洛涅队，之后他又加盟卡昂队。来到英超的莱斯特城队后，坎特表现极为出色，成为球队在防守端的重要成员，帮助莱斯特城队创造了2015—2016赛季的惊人奇迹，赢得英超的冠军。坎特是一名不折不扣的团队型球员，是法国队在2018年世界杯夺冠的重要功臣。球场上，坎特始终默默无闻地为球队付出，如"永动机"般奔跑和拦截，不仅为球队的防守设立了一道铁闸，还赢得了球迷的喜爱和尊敬。球迷调侃道："没有过不去的坎儿，只有过不去的坎特。"

姓名：利利安·图拉姆

出生日期：1972年1月1日

主要球衣号码：15号

国家队数据：142场2球

一战封神

　　作为一名后卫，图拉姆身材高大、防守稳健，他凭借这样出色的个人能力，得到了法国队和诸多欧洲豪门俱乐部的青睐。在俱乐部层面，图拉姆斩获多项冠军；在国家队层面，图拉姆代表法国队出场超过140次，在法国队历史出场次数的排行榜中名列前茅。1998年世界杯半决赛，作为后卫的图拉姆打进两球，帮助法国队逆转取胜，这两球也是其在法国队生涯中的全部进球。图拉姆一战封神，让全世界的球迷都记住了他的名字。

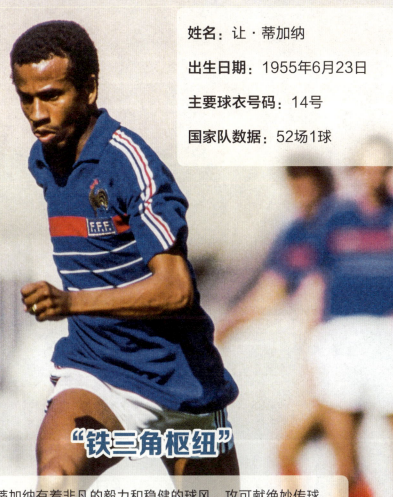

姓名：让·蒂加纳

出生日期：1955年6月23日

主要球衣号码：14号

国家队数据：52场1球

"铁三角枢纽"

　　蒂加纳有着非凡的毅力和稳健的球风，攻可献绝妙传球，守可送铁血抢断。他与普拉蒂尼、吉雷瑟组成法国队强悍的铁三角。作为"铁三角枢纽"，蒂加纳是法国队中场不可或缺的一员。1984年欧洲杯半决赛，蒂加纳在加时赛最后一分钟助攻普拉蒂尼，后者打进了绝杀球，帮助法国队闯进决赛，这也成为蒂加纳在法国队最为耀眼的时刻。退役后，蒂加纳转型为足球教练，还曾在2011年签约上海申花队，担任该队的主教练，与中国足球产生短暂的交集。

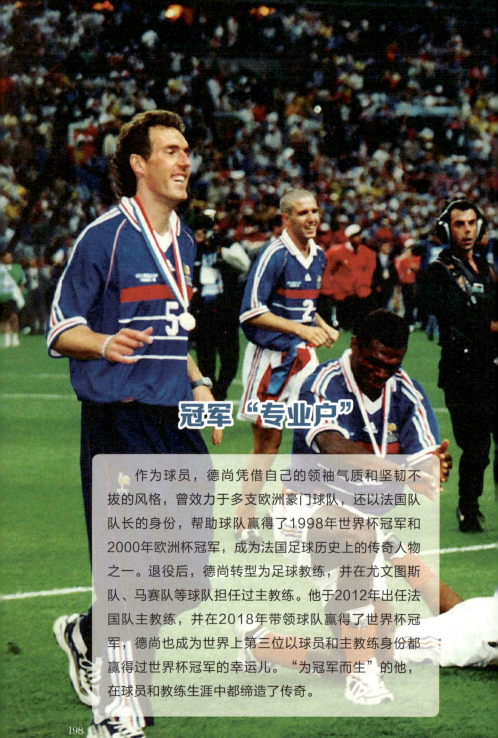

冠军“专业户”

　　作为球员，德尚凭借自己的领袖气质和坚韧不拔的风格，曾效力于多支欧洲豪门球队，还以法国队队长的身份，帮助球队赢得了1998年世界杯冠军和2000年欧洲杯冠军，成为法国足球历史上的传奇人物之一。退役后，德尚转型为足球教练，并在尤文图斯队、马赛队等球队担任过主教练。他于2012年出任法国队主教练，并在2018年带领球队赢得了世界杯冠军，德尚也成为世界上第三位以球员和主教练身份都赢得过世界杯冠军的幸运儿。“为冠军而生”的他，在球员和教练生涯中都缔造了传奇。

姓名：迪迪埃·德尚

出生日期：1968年10月15日

主要球衣号码：7号

国家队数据：103场4球

姓名：劳伦特·布兰科

出生日期：1965年11月19日

主要球衣号码：5号

国家队数据：97场16球

法国队的"老大哥"

　　1965年出生的布兰科大器晚成，30岁才得以加盟欧洲豪门俱乐部，他在巴萨队、国际米兰队、曼联队等球队均有效力。布兰科代表法国队出战97场，在帮助法国队夺得1998年世界杯冠军和2000年欧洲杯冠军时，他已经是年近35岁的老将，但其爆发力和稳定性依旧令人叹服，依旧能出色地完成防守任务。虽然布兰科在场上司职中卫，但他的进攻能力很强，破门方式多种多样，为法国队打进了16球。退役后，布兰科继续活跃于足球界，在执教巴黎圣日耳曼队期间获得了成功，帮助球队获得了11个冠军。

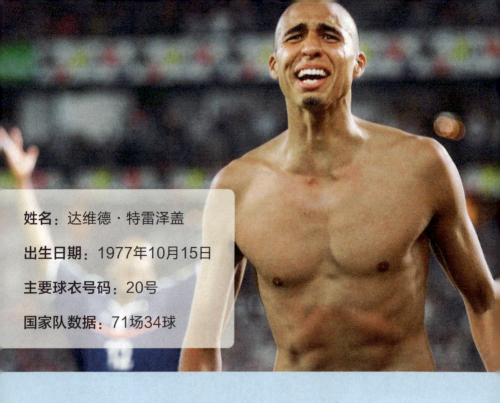

姓名：达维德·特雷泽盖

出生日期：1977年10月15日

主要球衣号码：20号

国家队数据：71场34球

"金球"射手

　　特雷泽盖以其出色的射术和冷静的头脑闻名于世，他拥有敏锐的洞察力和出色的身体素质，总能在关键时刻为球队破门得分。1998年世界杯，年仅20岁的特雷泽盖就随法国队获得冠军。2000年欧洲杯，特雷泽盖更是将自己的特点发挥得淋漓尽致，在小组赛和决赛的加时赛中，他分别打入1球。尤其是在决赛中，特雷泽盖把握住了转瞬即逝的机会，用一脚凌空抽射终结了比赛悬念，让法国队再次获得欧洲杯冠军。

姓名：拉斐尔·瓦拉内

出生日期：1993年4月25日

主要球衣号码：4号

国家队数据：93场5球

超级"学霸"

瓦拉内是皇马队欧冠三连冠的后防支柱，他也是法国队在2018年夺得世界杯冠军时的主力中卫。在2018年俄罗斯的那个梦幻夏天，瓦拉内打满当届世界杯的全部7场比赛，后防线上的他不知疲倦、无处不在。他帮助法国队时隔20年再夺世界杯冠军，还入选了2018年世界杯最佳阵容。瓦拉内在一年内同时收获了欧冠冠军和世界杯冠军。

曾经那个为了复习功课，拒绝加入皇马队的"学霸"，如今已是荣誉无数的顶级"铁闸"。瓦拉内优雅却不失坚韧，灵巧却足够强硬，他将自己职业生涯的黄金岁月毫无保留地奉献给了"高卢雄鸡"，帮助法国队获得了2018年世界杯冠军、2020—2021赛季欧国联冠军、2016年欧洲杯亚军和2022年世界杯亚军。

雨果·洛里斯　　利利安·图拉姆

奥利维耶·吉鲁　安托万·格列兹曼　蒂埃里·亨利

马塞尔·德塞利　　齐内丁·齐达内

迪迪埃·德尚　卡里姆·本泽马　帕特里克·维埃拉

劳伦特·布兰科　　　　　　　　拉斐尔·瓦拉内

比森特·利扎拉祖

西尔万·维尔托德　保罗·博格巴　法比安·巴特斯

布莱兹·马图伊迪　　威廉·加拉斯

尤里·德约卡夫

曼努埃尔·阿莫罗斯　　达维德·特雷泽盖

让-皮埃尔·帕潘　　让·文森特　　让·尼古拉斯

保罗·尼古拉斯　埃里克·坎通纳

雷蒙德·科帕

让·巴拉特　罗杰·皮安托尼

弗兰克·里贝里

劳伦特·布兰科　米歇尔·普拉蒂尼

基利安·姆巴佩　帕特里斯·埃弗拉　埃里克·阿比达尔

让·蒂加纳　阿兰·吉雷瑟

恩戈洛·坎特　　　克里斯托弗·杜加里

萨米埃尔·乌姆蒂蒂　　　卢卡·埃尔南德斯

邦雅曼·帕瓦尔

伊冯·勒鲁

让-弗朗索瓦·多梅尔格　　马克西姆·博西斯

帕特里克·巴蒂斯通　　路易斯·费尔南德斯　　伯纳德·拉孔贝

伯纳德·根希尼　　布鲁诺·贝洛内　　米歇尔·朗德罗

罗曼·吕菲耶　　马马杜·萨科　　巴卡里·萨尼亚

马蒂厄·德比希

劳伦特·科斯切尔尼　　亚历山大·拉卡泽特　　卢瓦克·雷米

穆罕默德·西索科　　里奥·安东尼奥·马武巴

克莱芒·格勒尼耶

文森特·坎德拉　　伯纳德·迪奥梅德

罗贝尔·皮雷斯　　　　阿兰·博格西安

史蒂夫·曼丹达

阿方斯·阿雷奥拉　　普雷内尔·金彭贝

纳比尔·费基尔

奥斯曼·登贝莱　　史蒂文·恩宗齐

达约·于帕梅卡诺

弗洛里安·托万　　朱尔·孔德

威廉·萨利巴　　特奥·埃尔南德斯　　马泰奥·冈杜齐

若尔丹·韦勒图　　金斯利·科曼　　克里斯托弗·恩昆库

优素福·福法纳　　爱德华多·卡马温加

阿德里安·拉比奥

最佳阵容

主力阵容（"4231"阵形）

门将：法比安·巴特斯

后卫：比森特·利扎拉祖、马塞尔·德塞利、劳伦特·布兰科、利利安·图拉姆

防守型中场：迪迪埃·德尚、恩戈洛·坎特

进攻型前场：齐内丁·齐达内、安托万·格列兹曼、米歇尔·普拉蒂尼

中锋：基利安·姆巴佩

替补阵容（"442"阵形）

门将：雨果·洛里斯

后卫：帕特里斯·埃弗拉、埃里克·阿比达尔、拉斐尔·瓦拉内、曼努埃尔·阿莫罗斯

中场：弗兰克·里贝里、帕特里克·维埃拉、让·蒂加纳、阿兰·吉雷瑟

前锋：朱斯特·方丹、蒂埃里·亨利

注：以上阵容通过多方数据参考得出，具有主观性，仅供阅读。

历任主帅及战绩

姓名	国家/地区	上任时间	离任时间	执教总场数	执教胜场数	执教平局场数	执教负场数
迪迪埃·德尚	法国	2012年7月8日	–	151	98	27	26
劳伦特·布兰科	法国	2010年7月1日	2012年6月30日	27	16	7	4
雷蒙德·多梅内克	法国	2004年7月12日	2010年6月30日	79	41	23	15
雅克·桑蒂尼	法国	2002年7月20日	2004年6月30日	28	22	4	2
罗杰·勒梅尔	法国	1998年7月27日	2002年7月5日	53	35	10	8
艾梅·雅凯	法国	1994年2月16日	1998年7月12日	53	36	12	5
吉拉德·霍利尔	法国	1992年7月1日	1993年11月25日	12	7	1	4
米歇尔·普拉蒂尼	法国	1988年10月1日	1992年6月30日	29	16	8	5
亨利·米歇尔	法国	1984年8月1日	1988年6月30日	33	16	9	8
米歇尔·伊达尔戈	法国	1976年3月26日	1984年7月27日	75	41	15	19
斯特凡·科瓦奇	罗马尼亚	1973年7月1日	1975年11月16日	15	6	4	5
乔治·布洛涅	法国	1969年3月2日	1973年5月26日	31	15	5	11
路易斯·杜高古埃兹	法国	1967年9月17日	1968年11月6日	9	2	3	4
朱斯特·方丹	法国	1967年1月1日	1967年7月1日	2	0	0	2
让·斯内拉	法国	1966年9月3日	1966年12月31日	4	2	0	2
亨利·盖兰	法国	1962年10月20日	1966年9月2日	26	7	7	12
阿尔伯特·巴铎	法国	1955年3月17日	1962年5月5日	56	24	13	19
加布里埃尔·亚诺	法国	1945年12月1日	1949年6月30日	8	6	0	2
劳尔·考德隆	法国	1929年7月1日	1930年6月30日	3	1	0	2
查尔斯·格里菲斯	英格兰	1923年7月1日	1924年7月30日	2	1	0	1
弗雷德·彭特兰	英格兰	1920年8月1日	1920年9月1日	2	1	0	1
加斯顿·巴罗	法国	1920年1月1日	1954年12月31日	144	50	21	73
罗伯特·盖尔	法国	1904年4月1日	1908年11月1日	9	3	1	5

历届大赛成绩

时间	赛事名称	举办地	最终排名	备注
1930年	世界杯	乌拉圭	第7名	小组赛出局
1934年	世界杯	意大利	第9名	1/8决赛出局
1938年	世界杯	法国	第6名	1/4决赛出局
1950年	世界杯	巴西	–	未晋级决赛圈
1954年	世界杯	瑞士	第11名	小组赛出局
1958年	世界杯	瑞典	季军	
1960年	欧洲杯	法国	第4名	
1962年	世界杯	智利	–	未晋级决赛圈
1964年	欧洲杯	西班牙	–	未晋级决赛圈
1966年	世界杯	英格兰	第13名	小组赛出局
1968年	欧洲杯	意大利	–	未晋级决赛圈
1970年	世界杯	墨西哥	–	未晋级决赛圈
1972年	欧洲杯	比利时	–	未晋级决赛圈
1974年	世界杯	联邦德国	–	未晋级决赛圈
1976年	欧洲杯	南斯拉夫	–	未晋级决赛圈
1978年	世界杯	阿根廷	第12名	小组赛出局
1980年	欧洲杯	意大利	–	未晋级决赛圈
1982年	世界杯	西班牙	第4名	
1984年	欧洲杯	法国	冠军	
1986年	世界杯	墨西哥	季军	
1988年	欧洲杯	联邦德国	–	未晋级决赛圈
1990年	世界杯	意大利	–	未晋级决赛圈
1992年	欧洲杯	瑞典	第6名	小组赛出局

时间	赛事名称	举办地	最终排名	备注
1994年	世界杯	美国	–	未晋级决赛圈
1996年	欧洲杯	英格兰	季军	
1998年	世界杯	法国	冠军	
1999年	联合会杯	墨西哥	–	未参赛*
2000年	欧洲杯	荷兰、比利时	冠军	
2001年	联合会杯	韩国、日本	冠军	
2002年	世界杯	韩国、日本	第28名	小组赛出局
2003年	联合会杯	法国	冠军	
2004年	欧洲杯	葡萄牙	第6名	1/4决赛出局
2006年	世界杯	德国	亚军	
2008年	欧洲杯	奥地利、瑞士	第15名	小组赛出局
2010年	世界杯	南非	第29名	小组赛出局
2012年	欧洲杯	波兰、乌克兰	第8名	1/4决赛出局
2014年	世界杯	巴西	第7名	1/4决赛出局
2016年	欧洲杯	法国	亚军	
2018年	世界杯	俄罗斯	冠军	
2018—2019赛季	欧洲国家联赛	–	第6名	小组排名第2
2020*	欧洲杯	无主办国巡回赛	第11名	1/8决赛出局
2020—2021赛季	欧洲国家联赛	–	冠军	
2022年	世界杯	卡塔尔	亚军	
2022—2023赛季	欧洲国家联赛	–	第12名	小组排名第3

注：1.法国队具备参加1999年墨西哥联合会杯的资格，但因路途遥远、联赛结束后球
员疲惫等原因，法国队放弃参赛。
2.2020欧洲杯在2021年举行，官方仍将其称为2020欧洲杯。

历史出场榜

排名	姓名	出场数
1	雨果·洛里斯*	145
2	利利安·图拉姆	142
3	奥利维耶·吉鲁*	131
4	安托万·格列兹曼*	127
5	蒂埃里·亨利	123
6	马塞尔·德塞利	116
7	齐内丁·齐达内	108
8	帕特里克·维埃拉	107
9	迪迪埃·德尚	103
10	卡里姆·本泽马*	97
10	劳伦特·布兰科	97
10	比森特·利扎拉祖	97
13	拉斐尔·瓦拉内*	93
14	西尔万·维尔托德	92
15	保罗·博格巴*	91
16	法比安·巴特斯	87
17	布莱兹·马图伊迪	84
17	威廉·加拉斯	84
19	尤里·德约卡夫	82
19	曼努埃尔·阿莫罗斯	82

注：标注*的为现役球员，本榜单仅取前20名。

历史进球榜

排名	姓名	进球数
1	奥利维耶·吉鲁*	57
2	蒂埃里·亨利	51
3	基利安·姆巴佩*	46
4	安托万·格列兹曼*	44
5	米歇尔·普拉蒂尼	41
6	卡里姆·本泽马*	37
7	达维德·特雷泽盖	34
8	齐内丁·齐达内	31
9	朱斯特·方丹	30
9	让-皮埃尔·帕潘	30
11	尤里·德约卡夫	28
12	西尔万·维尔托德	26
13	让·文森特	22
14	让·尼古拉斯	21
15	保罗·尼古拉斯	20
15	埃里克·坎通纳	20
17	让·巴拉特	19
18	罗杰·皮安托尼	18
18	雷蒙德·科帕	18
20	弗兰克·里贝里	16
20	劳伦特·布兰科	16

注：1.标注*的为现役球员，本榜单仅取前20名。
　　2.本书所有数据截至2024年4月30日。

图书在版编目（CIP）数据

法国队 / 流年编著 . -- 北京 : 北京时代华文书局 ,2024.5
ISBN 978-7-5699-5460-9

Ⅰ . ①法… Ⅱ . ①流… Ⅲ . ①足球运动－体育运动史－法国 Ⅳ . ① G843.956.5

中国国家版本馆 CIP 数据核字 (2024) 第 075835 号

FAGUODUI

出版人：陈　涛
选题策划：董振伟　直笔体育
责任编辑：马彰羚
执行编辑：孙沛源
装帧设计：范宇昊　弓伟龙
责任印制：訾　敬

出版发行：北京时代华文书局 http://www.bjsdsj.com.cn
　　　　　北京市东城区安定门外大街 138 号皇城国际大厦 A 座 8 层
　　　　　邮编：100011　电话：010-64263661　64261528

印　　刷：河北京平诚乾印刷有限公司
开　　本：880 mm×1230 mm　1/32　　　成品尺寸：145 mm×210 mm
印　　张：6.75　　　　　　　　　　　　字　　数：134 千字
版　　次：2024 年 5 月第 1 版　　　　　印　　次：2024 年 5 月第 1 次印刷
定　　价：68.00 元

本书图片由视觉中国提供。